太平洋戦争の収支決算報告

戦費・損失・賠償から見た太平洋戦争

青山 誠

彩図社

はじめに

昭和6年（1931）9月18日、奉天郊外で南満州鉄道の線路が爆破される事件が起こる。関東軍は満州軍閥・張学良軍の犯行と断定して軍事行動を開始、満州全土を制圧して傀儡国家・満州国を建国した。これによって満州に主権をもつ中国国民党との関係は極度に悪化。やがては日中全面戦争に突入してしまう。欧米諸国は中国に肩入れして、日本の孤立感は深まる。アメリカの経済封鎖により資源小国は苦境に陥る。その苦しさに耐えかねて、中国だけでも手に余る状況で日本は米英を相手に戦争を始めてしまった。

それから昭和20年（1945）8月14日のポツダム宣言受諾まで。満州事変から日中戦争、太平洋戦争とつづく約15年間の時代を総称して「十五年戦争」と呼ぶ。

満州事変は数ヶ月で収束した短期戦だった。当時の日本では、これを戦争にまで至らなかった騒乱や事件として扱い「事変」と呼んでいる。この後、国民党軍や武装勢力との睨みあいがつづき、小さな戦闘も幾度か発生するようになる。それが昭和12年（1937）7月7日には、北京郊外の盧溝橋で起こった盧溝橋事件を発端に本格戦争へと発展してしまう。

日本国内では予備役の大量招集がおこなわれ、中国へ続々と増援部隊が投入される。戦いの長期化により、国内の資源や物資をすべて軍需最優先にする法改正もおこなわれた。どう見ても本格的な戦闘。国内体制も「戦時」「非常時」に移行している。が、日本側はこれも「満州事変」と同様に戦争とは言わず「支那事変」としていた。

日本が「戦争」という言葉を避けたのは、当時、中国に同情的な欧米の批判をかわそうという意図があったといわれる。また、その言葉を用いることを避けたのは、戦争への不安も影響していたとも考えられる。

それ以前に日本が体験した本格的な戦争は、約1年7ヶ月つづいた日露戦争である。停戦時には他国から借り集めた戦費を使い果たし、国力は限界に達していた。また、日中戦争も1年目が過ぎた頃から、日本国内で物資不足の徴候が表れるようになっている。当時の日本の国力では、戦争をすれば1年間で底が見えてくる。最初からそれは理解っていただけに、長期間の戦争は避けたかった。短期間の局地戦闘で終わるはずの「事変」は、日本の希望的観測でもある。

しかし、結果として戦争は約15年間つづいた。長期戦を戦う覚悟のないままに、戦線は拡大して日本軍は大陸の奥深くへと引きずり込まれる。あげくに、戦争遂行のための戦略物資を求めて超大国アメリカ相手の戦争まで始めてしまった。

国力の限界はとっくに超えている。それでもあらゆる手を尽くしながら、自国民や占領地から軍資金や戦略物資を集めて戦いはつづけられた。それはすべて、借金として累積しつづける。国力の限界を超えているだけに、借金を返すあてはない。

1年程度の日露戦争で、もはや戦えないと日本が音を上げそうになったのは、諸外国から調達した戦費を返すべき借金として考えていたから。返済不可能となる前に戦争を終える必要があった。借金が返済不可能となる前に、国家の指導層は〝国力の限界〟を悟り停戦に舵を切るのが普通のやり方だ。

借金を返済する気がなければ、国力の限界を超えても戦うことは可能だろう。それは国家や国民の財産をすべて使い尽くし、資源のすべてを消耗するまで、国が衰弱死するまでつづけることができる。その結果、どうなるか？

実際、ポツダム宣言を受諾して日本が戦うことをやめた時、国は衰弱死寸前の状況だった。人的資源や戦略物資は枯渇し、都市は焼け野原。残っていたのは、返済不能の膨大な借金だけ。そこまで無茶をやれたのは「一億総特攻」のスローガンを信じていたから？　財産を残しても仕方がない、巨額の借金も冥界までは追いかけてこない。負債額がいくら増えたところで、気にする必要はない……と。

しかし、幸か不幸か日本が滅びることはなく、戦後も国家として存続した。戦後に生き残った者たちに、国力の限界を超えた巨額の借金が重くのしかかる。また、多くの人的資源や国富が戦火によって失われ、それにくわえて他国からは戦争被害の補償や賠償を求められ、これらまで「十五年戦争の借金」に含めれば、その数字はさらに跳ねあがる。

滅亡を覚悟し、国力の限界を遥かに超えて、戦争に投入されつづけた金や物資、そして、人命。その途方もない損耗について、データを追いながら詳しく見てゆくことにしよう。

太平洋戦争の収支決算報告　目次

【第一章】戦争に費やされたお金について

【第二章】戦争で失われた人命と財産……75

【第三章】敗戦で失った植民地と占領地

【序章】日本が戦争をした理由

毎年積み上げられた巨額の軍事費

「外交交渉において、帝国の自在自衛上のやむにやまれぬ要求すら容認されず、ついに戦争避くべからざる……」

昭和16年（1941）9月6日の御前会議で、永野修身《おさみ》海軍軍令部総長はこのように語っている。また、杉山元《げん》参謀総長も、戦争をやるならば早くやるべきだとこれに同調した。しかし、両者ともに歯切れが悪い。

じつは、陸海軍は非公式に会合を重ねながら、そちらが先に対米戦は不可能と言えば我々も賛同する。と、同じ主張を繰り返していた。どちらも本心ではやりたくない。しかし、絶対に自分から先に「戦えない」とは言えなかった。

軍人としてのプライドにくわえて、その理由のひとつにはお金がおおいに関係している。最後は海軍側が折れてこの言葉を発したのは、対米戦を想定した予算配分で海軍が占める額がより多かったことが関係しているように思われる。

大正12年（1923）には、日本の軍事戦略を定めた「帝国国防方針」の第2次改定がお

大日本帝国の軍事費（対GDP比）

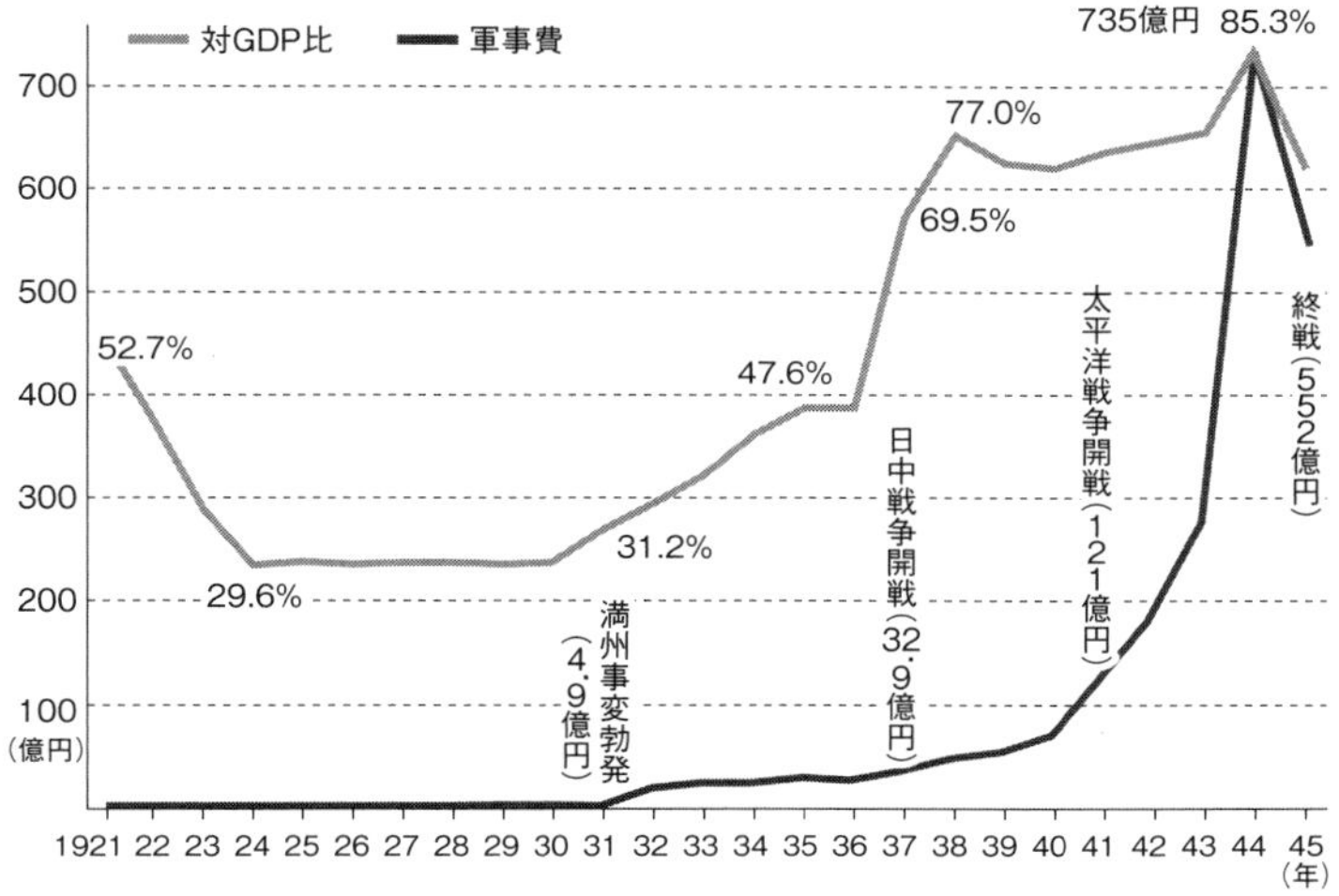

こなわれている。

当時、陸軍はロシアを第一の仮想敵国として、北方への備えを重視していた。しかし、ロシア革命後はその脅威が弱まっている。このため第2次改定では陸軍も海軍と同様に、アメリカを仮想敵国として重視するようになる。それによって、満州事変が勃発する昭和6年（1931）までの8年間のうちに、費やされた軍事費は陸海軍総額で約43億万円。国家財政に占める軍事費の比率は、毎年30パーセント前後を維持しつづけた。

自由を謳歌したデモクラシーの時代、権力批判も許された頃である。外敵の脅威を感じない平和な状況だけに、巨額の軍事費

大正14年に軍事費削減に取り組んだ加藤高明内閣の面々。後列左から３番目が「宇垣軍縮」を先導した陸軍大臣・宇垣一成。前列左から２番目が加藤高明内閣総理大臣。高橋是清農商相（前列左から３番目）や犬養毅逓相（同４番目）の姿もある。

が使われることがたびたび新聞などで糾弾されている。庶民の間でも金食い虫の軍隊を「無用の長物」と蔑む風潮があった。戦前では最も軍隊が不人気な時代である。

そんな世の空気にも影響されて、大正14年（１９２５）には陸軍大臣・宇垣一成《かずしげ》の主導で「宇垣軍縮」と呼ばれる大規模な軍事縮小政策を実施。陸軍の４個師団を廃止し、軍学校などの生徒数を減じて将兵３万２９００人、軍馬６０００頭を削減した。

しかし、それではまだ目標に程遠い。宇垣軍縮では最終的に陸海軍あわせて年間８０００万円、20パーセント程度の経費削減をめざしていたという。

実際に達成できた軍事費削減効果は10パーセント程度。軍事費支出が最も少なかった大正15年（１９２６）でも、国家財政に占める軍事費の割合は27・７パーセントと、諸外国に比べるとその割合は格段に高い。

この後、年々パーセンテージは上昇し、昭和6年（1931）には31・2パーセントとなり、日中戦争勃発後は70パーセント台の後半に上昇した。当面の敵である中国にくわえて、アメリカにも備えねばならない。国家の存亡に比べれば、膨らむ財政赤字など微々たる問題である。

軍事費確保のために使われたアメリカの脅威

強力な仮想敵国の存在は、軍縮を粉砕する最強の兵器だった。革命で弱体化したロシアではそれには役不足、頼りになるのはやはりアメリカである。

太平洋の対岸にある超大国の脅威を煽り、それに対する備えとして軍部は毎年膨大な予算を求めつづけた。アメリカに勝つ。その目的のために、軍縮をなし崩しにして、毎年30パーセント前後の軍事費支出が維持されてきた。勝利への備えは整っているはずだった。

また、対米戦がいよいよ現実化してきた昭和16年になると、前年度79億6349万円だった陸海軍軍事予算は、その2倍近い125億1534万9000円にまで一気に増額されている。これも見逃せない。すでにアメリカとの戦争を想定して、軍はすでに戦争をするための予算を受け取っているのだ。それをいまさらになって「戦えない」なんて言おうものなら、

「戦争のできない軍隊に、予算なんかつける必要はない」

他の省庁や議会、世間からそんな反発がでてくることは想像できる。軍人たちには、絶対に口にはできない言葉である。

アメリカはあくまでも、予算獲得のために都合のいい仮想敵国。本当に戦ってはいけない相手だった。陸海軍は煮え切らないままに、国内の貯蔵原油はあと6ヶ月で尽きるという状況に追い込まれてしまった。このままアメリカの石油禁輸措置がつづけば、半年後に陸海軍は機能不全に陥る。その状況で永野修身海軍軍令部総長が渋々、戦争不可避の発言をしたのである。

だが、この時点でも腰は引けている。石油が尽きる前に、禁輸措置を撤回させねばならない。それがだめなら「開戦もやむなし」と、まだ和平に未練を残している。

「もしも、万策尽きればやるしかない」

策はまだある。ワシントンではまた、野村吉三郎駐米特命全権大使を中心にアメリカとの外交交渉がつづいている。石油禁輸措置を撤回させれば、戦争する理由はなくなる。そこに一縷《いちる》の望みを託していた。

石油1000万リットルを巡る攻防

しかし、戦いを仕事とする軍隊である。

腰が引けながらも、対米戦を想定した準備だけは進めている。

たとえば石油。アメリカが石油禁輸を武器に日本を圧迫してくることは、すでに早い段階で想定している。そのため、石油がなければ艦隊が動かせない海軍は、昭和11年（1936）から石油備蓄量を1000万キロリットルにまで増やすことをめざしていた。昭和初期の頃の石油備蓄量は300万キロリットル程度。そこから手を尽くして石油を買い漁る。

昭和15年（1940）の原油1バレルあたりの輸入価格は1・02ドル、1バレルは159リットル、当時の為替レートは1ドル＝4・27円だから、原油1キロリットルの輸入価格は27円39銭ということになる。

1000万キロリットルの石油備蓄を実現するために必要な、不足分700万キロリットル分の費用は1億9173万円。昭和初期頃の国家予算の約10パーセント、長門型戦艦4～5隻分の建造費に相当する。石油の約80パーセントをアメリカに依存している状況では、その費用の大半が仮想敵国の利益になってしまう。皮肉な話ではあるのだが。

山本五十六（国会図書館）

厳しさを増す対日輸出規制を潜り抜け、石油を買い集めた担当者の苦労も、すべてはアメリカと戦って勝つため。その努力が水泡に帰すのは、惜しい。

また、海軍では対米戦を想定した第三次海軍軍備補充計画を進めていた。昭和16年度までに大和型戦艦２隻を含む66隻の艦艇を建造するというもので、８億６４２１万８０００円の予算を費やして艦艇群はほぼ予定通りに完成しつつある。

これだけ大金を使って戦いの準備を整えたのだ。使わずに終わらせてしまうのはもったいない。使ってみたい……と、軍人の性が動く。勝算の見えない戦いを避けようという理性的判断に抗いつづける。海軍省などの官僚化した軍人たちとは違って、実戦部隊の提督たちは理性よりも軍人のこの本能が勝っていたように思える。

アメリカの実力をよく知る知米派の山本五十六《いそろく》連合艦隊司令長官もまた、対米戦に反対を唱えながら、その裏でアメリカ太平洋艦隊の根拠地・真珠湾を空母機動部隊で奇襲する作戦研究に熱心だった。山本は海軍航空本部技術部長に就任した頃から航空主兵論を主張し、

石油の生産量と輸入量の推移（出典：日本石油『本邦鉱業の趨勢』、『石油便覧』）

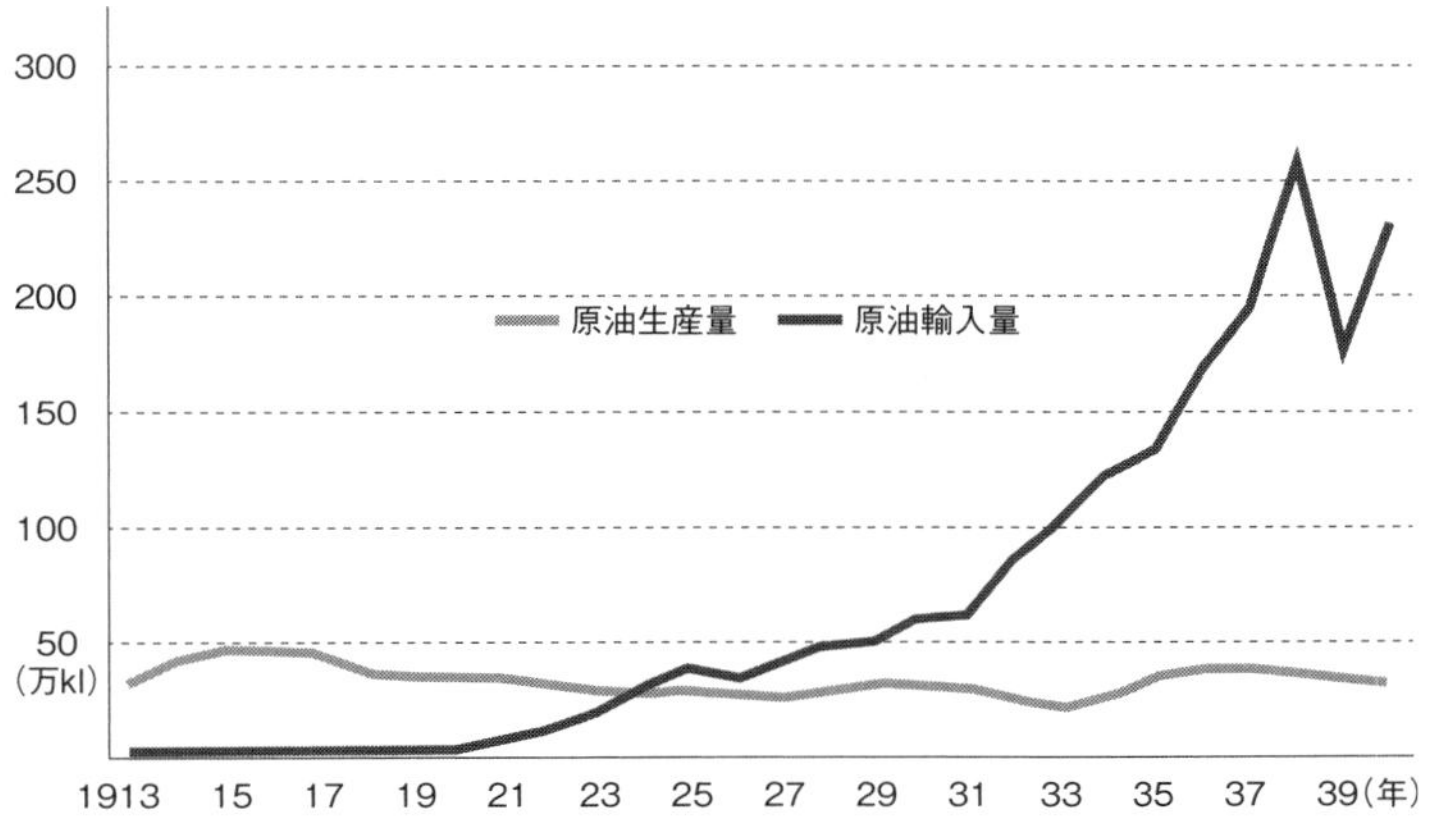

様々な手を尽くして増額させた予算を使い海軍航空隊を強化拡大した。長年の努力の結果、世界初の空母機動部隊を編成できるだけの戦力が整っていた。

その真価を実戦で試してみたいという誘惑に突き動かされる。そこで作戦を統括する軍令部に圧力をかけて、真珠湾攻撃作戦の実行を了承させた。誰よりもアメリカの実力を知るこの男にしても、燃え盛る軍人の性を抑えられず危険な賭けに走ってしまう。

日本を激怒させた米の禁輸措置解除条件

せっかく準備した戦備を無駄にしたくない。軍人たちの性は、勝算のない戦いにも未練や執着を断ち切ることができない。また、時間が経過するほどに、備蓄石油は目減りする。行動を起こさねばならない状況に追い込まれていた。

そんな空気のなかで開かれた昭和16年（1941）11月5日の御前会議で、「帝国国策遂行要領」がまとめられる。そこには12月初旬の開戦が明記されていた。この時点で日本の石油備蓄量は861万キロリットル。アメリカの禁輸措置がじわじわ効いてきたのだろうか、海軍が目標としていた1000万キロリットルを大きく割り込んでいる。蘭印（オランダ領インドシナ）政府と380万トンの石油購入交渉をおこなっていたが、それも6月には決裂して石油供給の道はすべて断たれた。戦闘能力を維持できるのは年内が限界だった。

年が明ければ、戦いたくとも戦えなくなる……そうなる前に、現状を変えねばならない。石油輸入解禁が不可能ならば、力尽くで奪いに行かなければならない。

ワシントンでの外交交渉にも、タイムリミットが迫っていた。すでに米太平洋艦隊根拠地を奇襲するため、空母機動部隊は密かに真珠湾へ向けて進撃している。しかし、外交交渉が成功した場合は、すぐさま攻撃を中止して艦隊を引き返させるための措置もされている。まだ、理性的判断が軍人の本能を抑え込んでいたのだが……11月26日、コーデル・ハル国務長官から対日禁輸措置解除の条件を記した『合衆国及日本国間協定の基礎概略』が示されると、そのタガが外れてしまう。

その内容は理性を微塵もなく粉砕するほどに、日本側には衝撃的なものだった。

「アメリカは難癖つけて交渉をぶち壊そうとしている」

と、陸海軍や政府中枢は、これを「最後通牒」と解釈してしまう。政府要人たちもこれに同調する者は多かった。12月1日の御前会議では、外交交渉で事態打開できる可能性は潰えたという意見が大勢を占める。そして、

「帝国は米英蘭に対し開戦す」

と、ついに開戦の最終決断が下される。

コーデル・ハル

すでに北太平洋上では、南雲忠一中将麾下《きか》の空母機動部隊がハワイ真珠湾をめざして航行していた。その機動部隊に向けて連合艦隊司令部から、予定通り、12月8日に真珠湾奇襲を実行するよう命じた「ニイタカヤマノボレ一二〇八」の暗号電文が届く。これでもはや後戻りできない。日本は戦争を始めてしまう。

ハル・ノートは最後通牒だったのか？

開戦を決意させたハル・ノート。そこで日本に求められた和平の条件は、

①中国と仏印からの日本軍の撤退
②蒋介石の国民党政府を承認し、その他の政権を支持しないこと
③日独伊三国同盟の破棄
④中国における治外法権の放棄

と、大まかにこの4つ。日本の撤兵を求めた「中国」については、満州事変が起きた年である「1931年時点の国境まで」とされていた。これを見る限りは、日本が「生命線」としてきた満州はグレーゾーン。撤兵を完了させる時期についても明記されていない。

また、華北を中心とした広大な占領地は、満州国防衛のため緩衝地帯を得るため。蒋介石政権を承認して平和条約が締結されるなら、満州の安全も確保される。撤兵しても問題はな

いはず。こうして考えれば、外交交渉の余地はまだ充分あったようにも思われるのだが。

　1931年時点の国境線まで日本軍を撤退させれば、石油はもちろん天然ゴムなどの資源輸入を保証するとアメリカ側は言っている。禁輸措置を緩和してもらってから、撤兵時期や満州問題を話しあえばよかったのでは？　少なくともハル・ノートに基本合意さえしておけば、開戦を急ぐ理由はなくなる。少数派ながら、そのように冷静に考える者はいた。

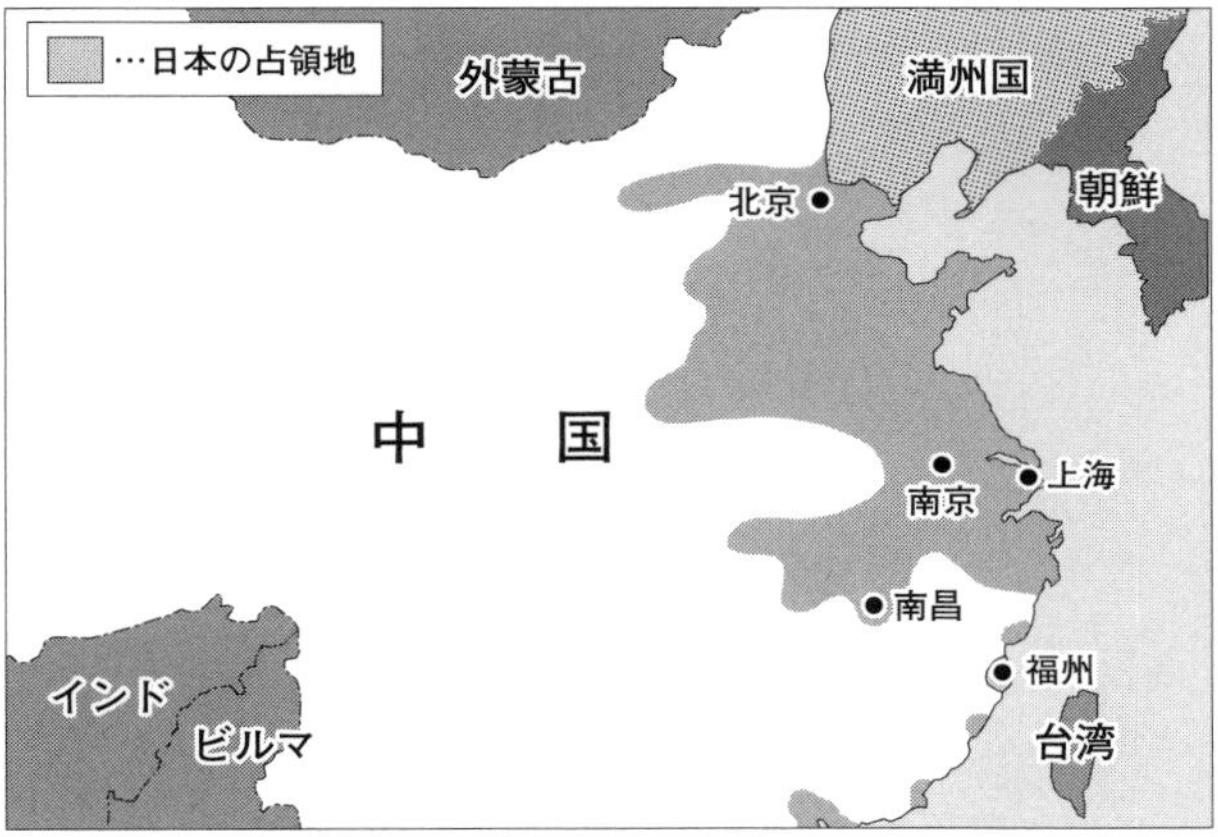

1940年時点での中国における日本の占領地

　真珠湾攻撃の決行命令が下された12月1日の御前会議当日、この当時は外交官だった吉田茂元首相は、駐日アメリカ大使のジョセフ・グルーと会談している。

　この時に吉田は、

「これは、アメリカ側の試案という認識で間違いないか？」

ハル・ノートについてこのように問い質したところ、

「まさしく、その通り」

グルーはそう答えている。つまり、ハル国務長官はアメリカ側の提案や要望を日本に伝えただけ。今後の交渉で条件がさらに緩和される可能性はあったということだ。

巨大経済圏建設の夢が冷静な判断力を失わせる

しかし、中国からの撤兵要求は、多くの者たちに冷静な判断を失わせるほどのインパクトがあった。この戦いを「聖戦」としていた軍人のプライドだけではなく、そこにもまた経済的要因が大きく影響している。

大蔵省の『外国貿易年表』を見れば、大正時代まで対中国輸出は常に輸出総額の20パーセント前後で推移していた。日本の工業界にとっては昔からのお得意様。満州事変後は両国の関係悪化もあり5パーセント台にまで落ち込むが、華北地方を占領した昭和13年（1938）になると11・63パーセントにまで回復している。昭和14年（1939）になると、日本軍の占領地拡大にあわせて12・74パーセントと着実に増えつづける。だが、日本軍が占領地から

戦前の日本の輸出状況（大蔵省『外国貿易年表』より）

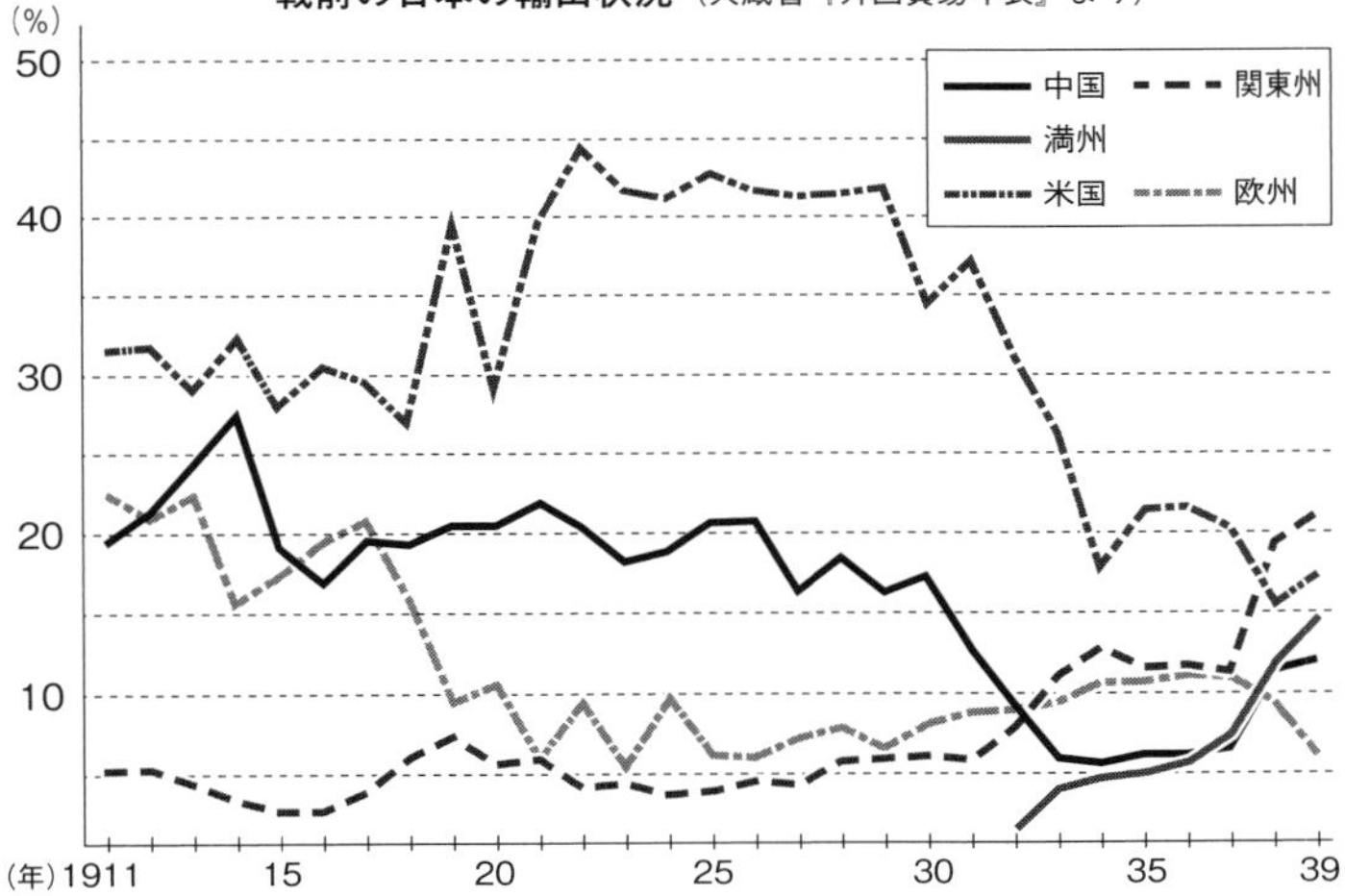

撤退すれば、中国人の反日感情からこれまで通りの商売は難しくなる。市場を維持するためにも撤退は避けねばならない。

また、満州事変後は、満州国に中国を加えた３カ国による「日満支経済圏」の建設が唱えられるようにもなっている。欧米列強諸国の保護貿易主義が強まり八方塞がりの状況で、日本は自給可能な経済圏を欲していた。

日中戦争開戦前の昭和11年（１９３６）、日本から満州、中国への輸出額は７億９１００万円、輸入額で３億９４００万円。それが、日中戦争で華北地方を占領した昭和13年（１９３８）になると、輸出額11億６５００万円、輸入額５億６４００万円にまで増大する。その後、国民党政府の予想外の抵抗により事変は本格的な長期戦となり、経済圏の建設は思ったように進まなかったが、それでも昭和15年（1940）の輸出額は18億6700万円にまで伸びた。保護貿易主義が強まり、また、アメリカが主導する経済制裁の影響もあって他地域との貿易額は減少していた。そのため、輸出総額の51・1パーセント、輸入額の21・9パーセントが日満支経済圏での貿易で占められている。

この現状から、中国占領地の市場は日本経済にとってもはや手放すことのできない生命線となっている。また、占領地を広げて国民党政府を屈服させれば、日本主導の経済圏は中国の全域にまで広がるだろう。

この頃、中国のGDPは日本の2倍以上だったという試算がある。工業製品の販路を求める日本には、その購買力は魅力だった。そこに希望の光がまた見える。日本の政財界にとって、その希望を奪われる中国からの撤退は、受け入れがたい条件だった。そこに交渉の余地があることとさえ忘れて、取り乱してしまうほどに。

「大東亜共栄圏」という幻想

また、戦争は市場拡大のチャンスでもある。

「日満支を一環とし、大東亜を包容して自給自足の共栄圏を確立し、その圏内における資源に基きて国防経済の自主性を確保し、官民協力のもとに重要産業を中心として総合計画経済を遂行し、もって時局の緊急に対処し、国防国家体制の完成に資し、よって軍備の充実、国民生活の安定、国民経済の恒久的繁栄を図らんとす」

これは、昭和15年（1940）7月に組閣された第二次近衛文麿《このえふみまろ》内閣が発表した「経済新体制確立要綱」の初頭に述べられたもの。この年は世間でも「大東亜共栄圏」というスローガンが叫ばれるようになっていた。欧米列強の植民地からアジアを解放し、日本を盟主とする共存共栄の新世界を造る。日満支経済圏をアジア全域にまで広げようという夢に、財界や民衆は浮かれるようになっていた。

しかし、実情はそれに程遠い。マレー半島は宗主国であるイギリス資本が60パーセントを占めてその経済を牛耳っていた。他国からの投資もおこなわれ、日本資本も軍需物資として不可欠のゴム園のプランテーションを中心に投資している。たとえば、昭和13年（1938）には日本から2800万ドルの投資がおこなわれた。しかし、同年にはイギリスから4億2000万ドル、中国からも2億ドルの投資がおこなわれている。他国からの桁違いの投資により、日本資本が占める割合は下がりつづける。また、豊富な石油資源が埋蔵される蘭印にも、同年にはイギリス企業が2億ドル、中国からは1億5000万ドルなど、総計23億7800万ドルの投資が集まっていた。そのなかで、日本からの投資はわずか1200万円である。

他国の植民地なだけに様々な規制もあり、企業進出が難しいところはある。が、それよりも日本の脆弱な経済力が問題だった。日本企業は資金の潤沢な外国企業に太刀打ちできず、投資額は欧米列強や中国よりも遥かに少ない。影の薄い存在である。大東亜共栄圏の盟主になる……その夢を平和的手段で実現するのは不可能だった。しかし、戦争という手段を使えば可能性は多分にある。

開戦やむなしと考えるようになった昭和16年（1941）11月15日に、大本営政府連絡会議が採択した「対米英蘭蒋戦争終末促進に関する腹案」では、まずアジアにおける米英蘭の植民地を奪取すること。これを作戦の第一段階としていた。東南アジアを制圧すれば、蘭印の石油、英領マレー半島の天然ゴムなどの戦略物資を得ることができる。自給体制を確立した後、じっくり構えてアメリカと戦おうというわけだが、それは、大東亜共栄圏構想の建設という目的にも合致している。

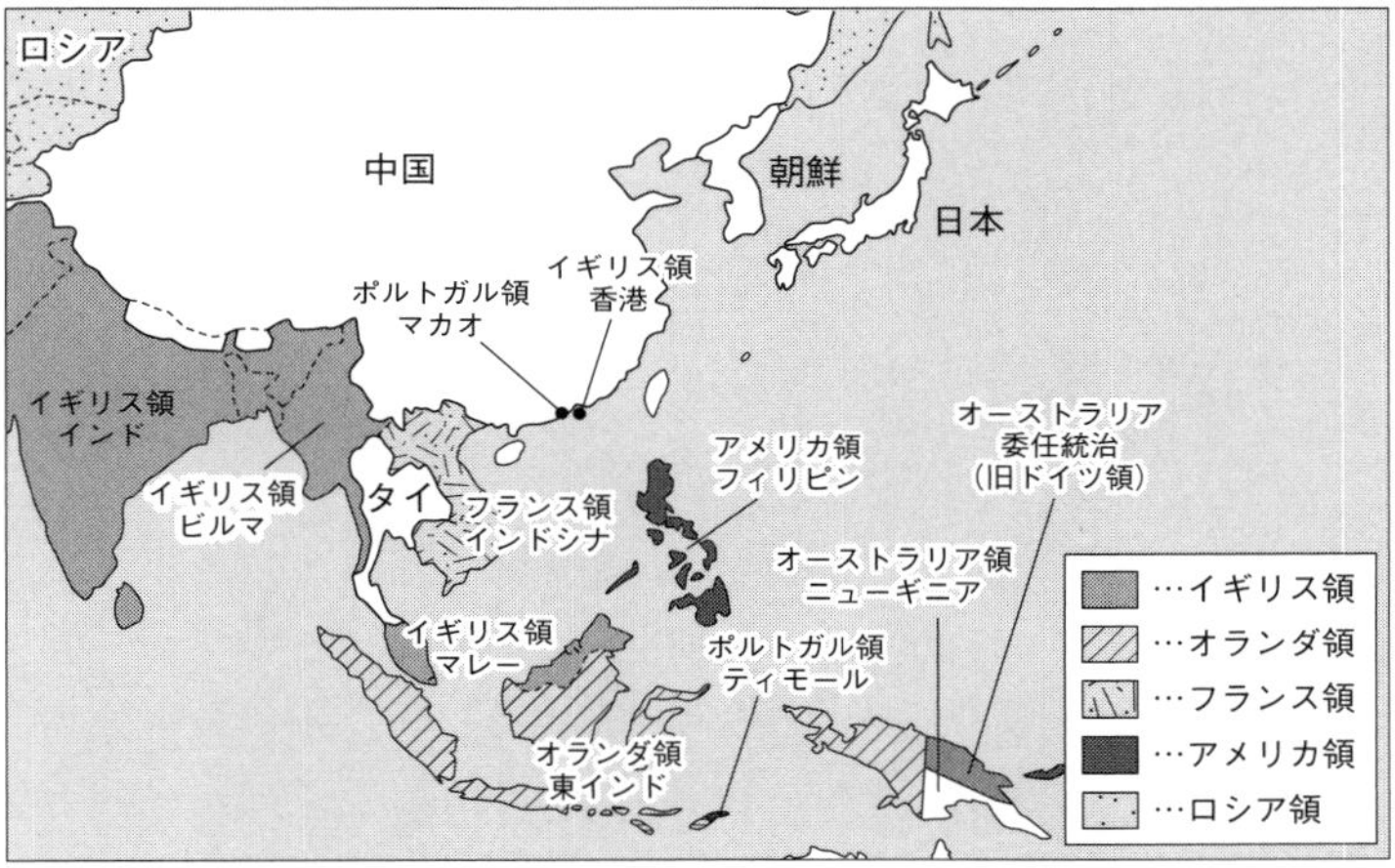

太平洋戦争開戦時に列強が有したアジアの植民地

無理を重ねて軍備を充実させてきた日本である。その経済力に比して分不相応な軍事力は、東南アジア植民地に配備された治安維持目的の列強諸国の軍隊が束になってかかっても敵わない。軍事力を使って力尽くでかかれば、東南アジア全域を日本の経済圏に取り組むことができる。

東南アジアの制圧はアメリカ相手に長期持久戦を可能にする軍事戦略だが、日本の経済圏を拡大するためにも唯一可能で手っ取り早い方法だった。軍事のことはわからない政治家や官僚、財界人たちも、東南アジアの資源と市場が手に入るならば、

「軍人たちが勝てると言っているのだから、戦争したほうがよい」

そう考えるようになる。

背負い込んだ負の遺産はどれほどになるのか？

さて、東南アジアの資源地帯を奪取した後、日本はどのように戦ってゆくつもりだったのか？　植民地を奪われた敵は、当然、強力な反撃をしてくるはずだ。

「対米英蘭蒋戦争終末促進に関する腹案」の戦略によれば、マレー半島や蘭印などの資源地帯を奪取して石油の心配がなくなったところで、蒋介石政権をじっくり攻めて屈服させる。また、植民地を奪われて反撃に出てくるイギリスやフランスは、独伊と協力してこれを叩く。さらに、アメリカ海軍主力を日本付近に誘致してこれを艦隊決戦で撃滅する。海軍力を消耗して孤立無援の状態となったアメリカは、戦意を喪失して講和に応じるはず。という、なにやら都合の良い勝利の方程式になっている。

イギリスの経済学者アンガス・マディソンは『世界経済の成長史』のなかで、太平洋戦争開戦時のアメリカのＧＤＰは９３０８億２８００万ドル、日本は２０１７億６６００万ドルと推定している。その差は5倍近い。実質的には10倍以上の差があったといわれる。当時の

太平洋戦争開戦時の主要参戦国のGDP比較

（※数値は1990年ドル基準の実質GDPを購買力平価で換算）

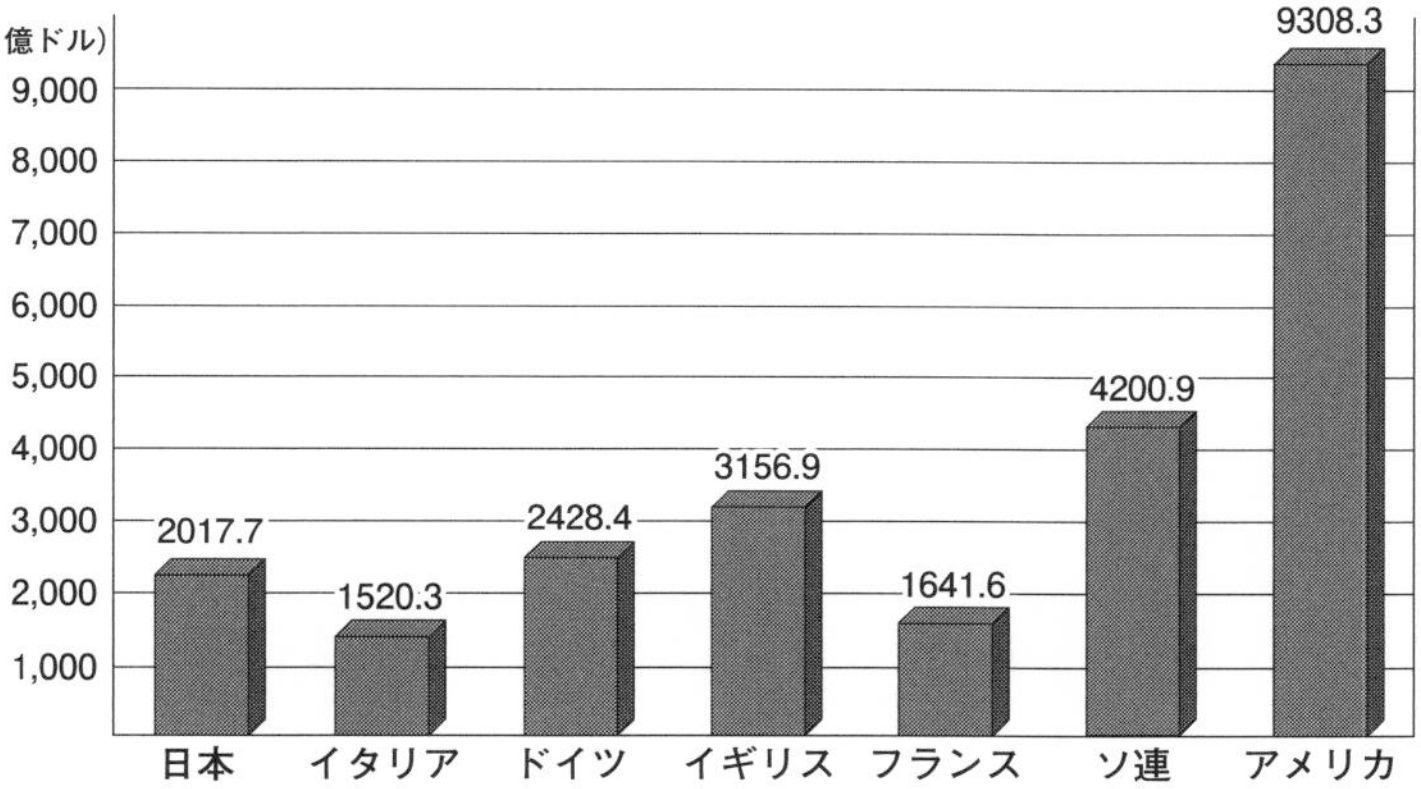

工業生産高に占める世界シェアも、アメリカの35・1パーセントに対して日本は3・5パーセントだった。まともに戦っては勝てない。そのことは理解っていた。だから、相手がまともに戦わずに和平を求めて来ることを期待した。

補給能力の脆弱な日本海軍は、日本近海で侵攻してくるアメリカ艦隊を待ち伏せる。また、建艦能力の差を考えれば、幾度も海戦をやるわけにはいかない。一発勝負の総力戦が望ましい。相手もそれを望んで、日本が求める艦隊決戦を挑んでくる。これに勝利すれば、敵も戦意を喪失して講和を求めてくる。などと、もはや戦略というよりも、他力本願の都合のいい妄想。素人目からもそう映る。

現実世界では敵がこちらの都合にあわせてく

れるはずもない。日々減りつづける備蓄石油量に焦り、勢力圏を失うことへの恐れ、そして、新たな市場獲得の欲望に背中を押されて、打開策のない辛い現実が津波のように押し寄せる。それに耐えきれず妄想に逃避、運まかせにイチかバチかの勝負に出てしまった。まあ、戦争の結果を知る現代人目線での印象なのだが……当時を生きた者たちには、我々のような歴史の傍観者には理解できない戦う理由があったのかもしれない。

だが、その代償はあまりに大きい。すべての植民地や海外権益を奪われ、国民の財産は空襲で焼き尽くされ、費やした莫大な戦費だけが借金として残った。そして、国内外への戦後賠償がさらに借金額を膨らませる。

その借金の支払いは１９７０年代後半までつづいた。また、今日も解決していない問題が亡霊のように現れて、過去の償いを求めてくる。戦後の世界に生まれた我々も、あの戦争が残した負の遺産とは無関係ではいられない。それだけに、いったいどれほどの損益を背負い込んでいたのだろうかと、気になってくる。詳しく調べてみようと思う。

【第一章】戦争に費やされたお金について

危険領域をはるかに上回る巨額の軍事費

日中戦争が始まった昭和12年（1937）から太平洋戦争終戦までの約8年間で、総額7559億円の軍事費が使われたという。この8年間のGDPを合計すると約3600億円だから、戦費はGDPのほぼ2倍という凄まじい数字が見えてくる。

戦後に大蔵省が作成した『昭和財政史』でも、GDPと軍事費の関係について触れている。それによれば、昭和12年から太平洋戦争が開戦する昭和16年までの間、関連予算を含めた軍事費は、すでに当時のGDPの26・1パーセントに相当する金額に達していたという。太平洋戦争開戦後、数字はさらに急上昇しつづけ、戦争末期にはGDP比約60パーセントに達している。同じように国家存亡の危機を叫び、他国から借金して多大な軍事費が投入された日露戦争でも、そのGDP比は22・9パーセントだったというから……これは、凄まじいという言葉ではとても足りない。現代人の我々から見れば「狂気の沙汰」といった言葉が適切に思えてくる。

1975年以降の日本の防衛関係費の推移

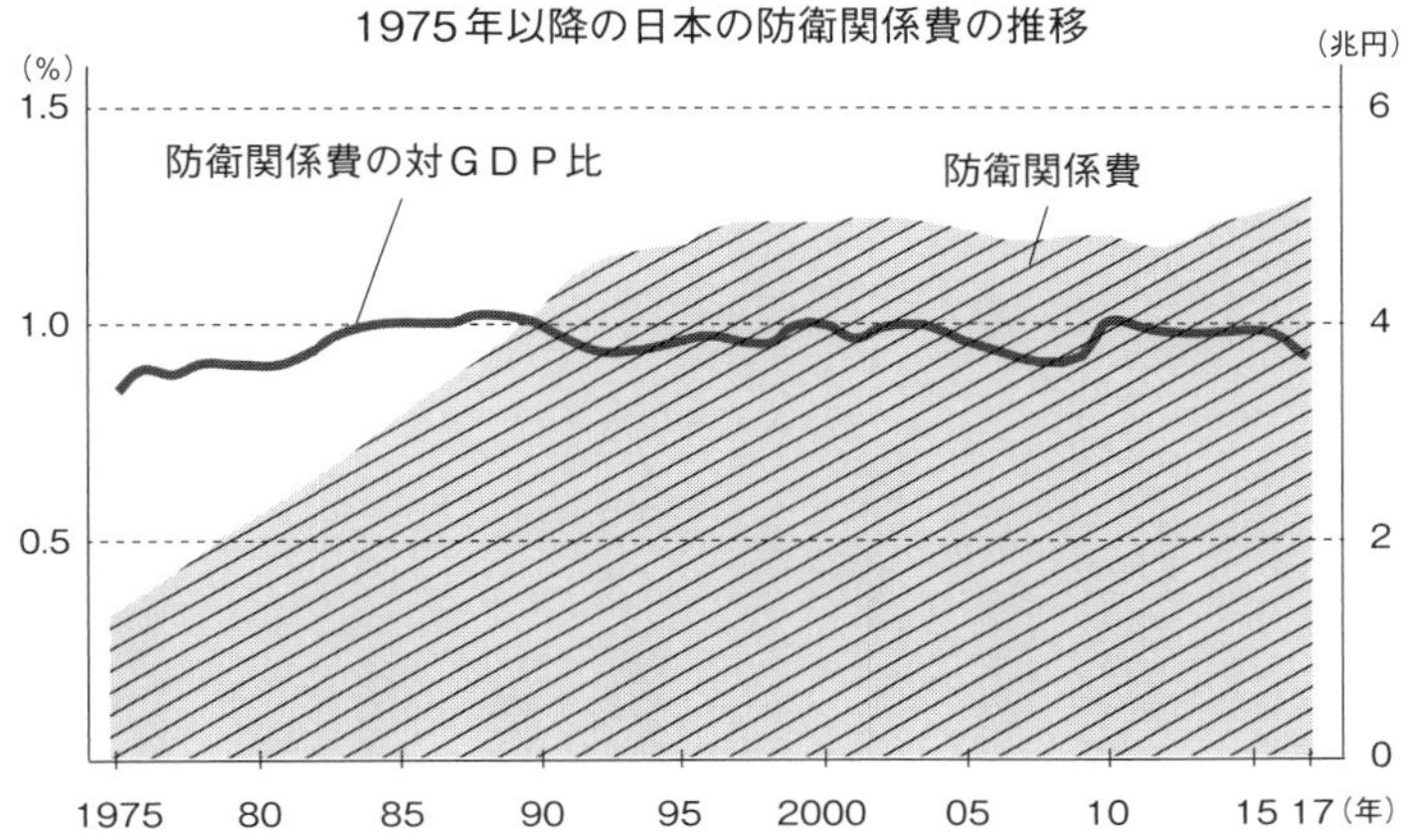

現代の軍事費とも比較してみよう。終戦後の昭和51年（１９７６）、当時の三木内閣が「防衛費はＧＮＰ比１パーセントを超えない」と閣議決定して以来、日本ではＧＤＰ比１パーセント以内が軍事費の目安になってきた。

80年代の中曽根内閣がこの１パーセント枠を撤廃して、防衛費が１・０１３パーセントまで上昇したことがあった。これに野党は猛反発、マスコミも連日のように大きく報道して日本中が騒然となる。それがトラウマになったのか、この後の政権与党は撤廃されたはずの「ＧＤＰ比１パーセント」を強く意識して、防衛費はその枠内に収められてきた。

安倍内閣になってから防衛費が右肩上がりに上昇しているといわれるが、それでもまだ１パー

世界の軍事費トップ10（2019年）

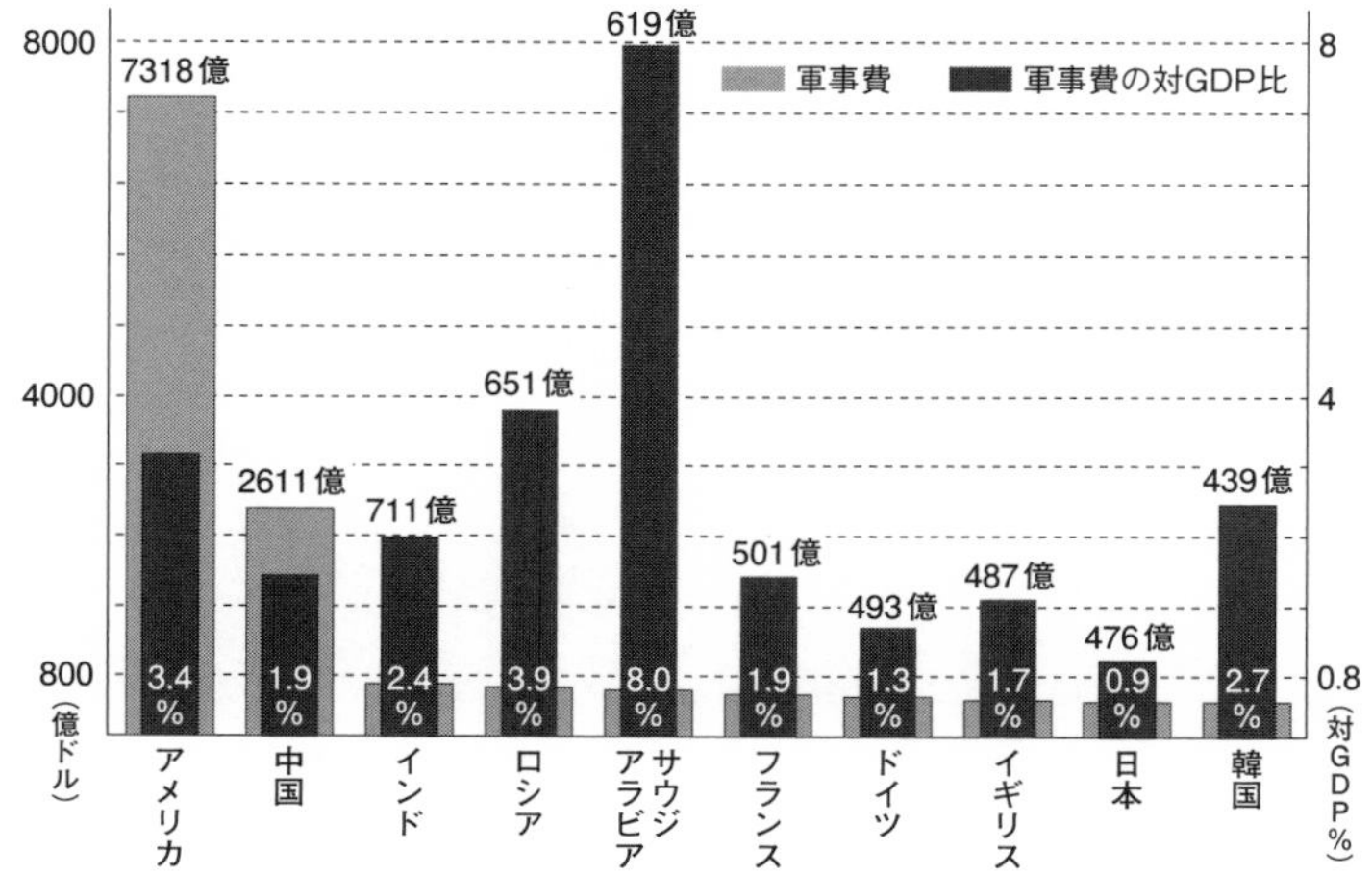

セントの線を越えることに躊躇している。

ちなみに他国の場合はどうか。アメリカが２０１９年に使った軍事費はＧＤＰ比３・４パーセント、ロシア３・９パーセント、中国は１・９パーセント、フランス１・９パーセント、イギリス１・７パーセント、ドイツ１・３パーセントである。

アメリカとロシアが突出しているが、「普通の国」なら平時であれば国防費はＧＤＰ比２パーセント前後といったところ。それでも政府予算に占める軍事費の割合は高く、各国の財政当局も軍事費の捻出に苦しんでいる。

ＮＡＴＯ（北大西洋条約機構）では「ＧＤＰ比２パーセント以上」を国防費として捻出するよう参加国に求めているが、それを実現できた国は少ない。ＧＤＰ比２パーセントの軍事費は大きな負担、どこの国もかなり苦しい。健全な国家運営をおこなう上では、このあたりに越えてはならない線がありそうだ。そこから考えるとやはり、戦前・戦中に日本が使った軍事費は危険領域を遥かに超えている。

異常事態がまかり通る危険な財政運営

盧溝橋で日中両軍が軍事衝突した昭和12年（１９３７）からは、議会で戦費に関する審議はほとんどおこなわれなくなり、軍部からの要求はすべて承認されるようになったという。そのため昭和11年度に32億７０００万円だった軍事費は年々拡大しつづける。

大蔵省の『決算書』に記された記録を見れば、太平洋戦争が始まった年に支出された軍事費の総額は１２５億１５３４万円、国家財政に占める軍事費の割合は75・７パーセントだった。昭和19年（１９４４）には軍事費が７３５億１４９４万円となり、国家財政の85・３パーセントにまで達している。これでは必要なインフラ整備や福祉に使う金はなく、通常の国家運営がおこなえない異常事態。ＧＤＰの25パーセントを超える軍事費を使えば、当然そうなる。いや……それでさえ、通常の税収に頼った予算規模では不可能だ。

昭和16年度の国家歳入は86億円、昭和19年度は２１０億円である。費やした軍事費の額の半分にも満たない。足りない分は公債によって補われる。

日清戦争の時に臨時軍事費特別会計という制度が制定された。多額の戦費が必要になる戦時には通常の1年単位の予算編成では対応できない。そのため一般会計とは別に特別予算を組んで対応することになった。この制度によって、当時の国家予算の2倍に相当する2億３３４０万円の戦費が支出されている。

また、日露戦争では戦費が国家予算の６倍、18億２６２９万円にまで膨れあがった。政府は公債を発行して戦費を調達し、その発行額は国内外で14億７０００万円に達している。つまりは、戦費の大半が借金。当時の日本の人口は４７００万人だから、国民１人あたり31円、一世帯４人で１２０円程度の借金を背負わされた計算になる。明治時代後期の労働者の賃金は１日平均44銭。日給にして２７０日以上、労働者のほぼ1年分の収入に相当する額である。

日中戦争や太平洋戦争でもその手法が踏襲される。満州事変が起きた昭和6年（１９３１）の軍事費は、一般会計で14・6億円の歳出が予定されていた。しかし、事変勃発により「満洲事変費」として2億９０００万円、「時局匡救費《じきょくきょうきゅうひ》」として1億６０００万円が増額される。増額分の5億円近い予算は、支那事変特別税の徴収や国債を発行し賄われた。この後

日本の主な戦争の戦費（総務庁「日本長期統計総覧」から）

戦争名	総額	臨時軍事費特別会計	一般会計		特別会計臨時事件費
			臨時事件費	臨時軍事費	
西南戦争	41,713	41,568	—	145	—
日清戦争	232,404	200,476	792	31,136	—
北清事変	43,602	—	43,602	—	—
日露戦争	1,826,290	1,508,473	221,582	96,236	—
欧州戦線シベリア出兵	1,553,687	881,662	650,181	21,844	—
山東出兵	68,274	—	68,274	—	—
満州事変	1,883,384	—	1,859,691	—	23,693
日中戦争太平洋戦争	203,636,341	165,413,771	65,980	38,155,212	1,378

※日中戦争・太平洋戦争の戦費は当時のインフレ率を反映した金額　（単位：千円）

も、軍事費に不足が生じると増税や国債発行で補っていた。しかし、中国との全面戦争が始まると、そんな小手先のやり方では対応できなくなってくる。

盧溝橋事件から２ヶ月が過ぎた昭和12年（１９３７）９月、日中戦争に対応するために日清・日露戦争の時と同じ臨時軍事費特別会計法が制定された。中国への宣戦布告はされず、大兵力の派遣もあくまで「事件」として扱われていた。が、これで国家財政は戦時体制に移行したことになる。

昭和12年度の国家歳入は29億１０００万円、一般会計から歳出された軍事費12億円だけでも歳入の40パーセント以上を費やしている。それでも足りず臨時軍事費特別会計から20億円が計上された。これもまだ序の口。太平洋戦争が始まると軍の要求額は底無しに増えつづけてゆく。

「聖戦完遂のため」

陸海軍大臣がそう言えば、議会では審議をほとんどおこなうことなく予算要求が認められた。大蔵官僚は言われるがまま随時予算を追加する。最終的な収支がどうなるかなんてことは誰もわからない。財政担当者からすれば、悪夢のような異常事態。しかし、戦争そのものが異常事態なのだから、それがまかり通ってしまう。

国民への借金はすべて踏み倒された!?

税収などの歳入だけでは、軍部が要求してくる巨額の軍事費を賄うことはできない。不足分は日清・日露戦争の時と同様に公債発行で補った。しかし、アメリカを含む大半の列強国家を敵にまわしている状況では外債には頼ることはできず、公債の購入者はほぼ国内企業や国民に限られる。

支那事変国庫債券、大東亜戦争国庫債券など様々な名称の戦時公債が発行された。公債

一般会計及び臨時軍事費特別会計における租税と公債（単位：千円）

	一般会計歳入		臨時軍事費特別会計	
	金　額	%	金　額	%
普通財源（租税等）	60,299,664	64.0	19,661,495	11.3
公債及び借入金	22,969,550	24.4	149,788,868	86.4
雑収入	5,313,713	5.6	3,855,791	2.2
前年度余剰金	5,672,283	6.0	—	0.0
計	94,255,210	100.0	173,306,154	100.0

備考　一般会計歳入は昭和12～20年度の合計　（『昭和財政史　17　臨時軍事費』より）
一般会計の普通財源には租税収入、官業官有財産収入を含む
臨時軍事費の普通財源には租税収入、他会計より受入を含む

は銀行や保険会社などの金融機関はもちろん、国民に対してもその購入が奨励される。公債購入を促すために税法上の様々な優遇措置が実施され、戦時公債の購入は愛国者の証であり、国民の義務と喧伝された。

戦争末期の頃までは、多くの国民が日本の勝利を信じて疑っていない。民間銀行に預金するよりも、政府発行の公債のほうがより安全な資産と考えていた。銀行預金に比べると利率も良く、戦争末期には30パーセントにもなる利払いを約束した公債も発行されている。そのため多くの国民はローリスク・ハイリターンの魅力的な投資と信じて、余剰資産で戦時公債を購入した。

臨時軍事費特別会計の歳入は終戦までに1733億6615万4239円に達している。そこ

大東亜戦争割引国庫債券

から１５５３億９７２１万８３５２円が軍事費として歳出された。これだけでも一般会計歳出額の２・２倍に相当する。この財源の90パーセント以上が公債などの借金。さらに、それまで軍事費にまわされた多額の予算も、国債発行や借入金が大きな比重を占めていた。一般会計の負債まで含めると、負債額は２０００億円を超える。終戦の昭和20年（１９４５）は、税収などによる政府歳入が２３４億９０００万円だったが、債務はそのほぼ10倍。また、戦時公債は高い利払いを謳っていただけに、約束通りこれを支払えばそれだけで国家財政は傾いてしまう。

そこで戦後の日本政府は超強硬手段にでる。昭和21年（１９４６）11月、財産税法が可決された。これは個人が国内に所有する財産すべてに税を課すというもので、不動産や銀行預金、株券などすべての財産がその適用範囲。もちろん戦時国債も含まれる。税率は25～90パーセントと高率であり、これで負債のかなりの部分が回収できた。年明け早々には預金封鎖も

戦前から戦後にかけての消費者物価指数の変遷（総務省統計局の統計など）

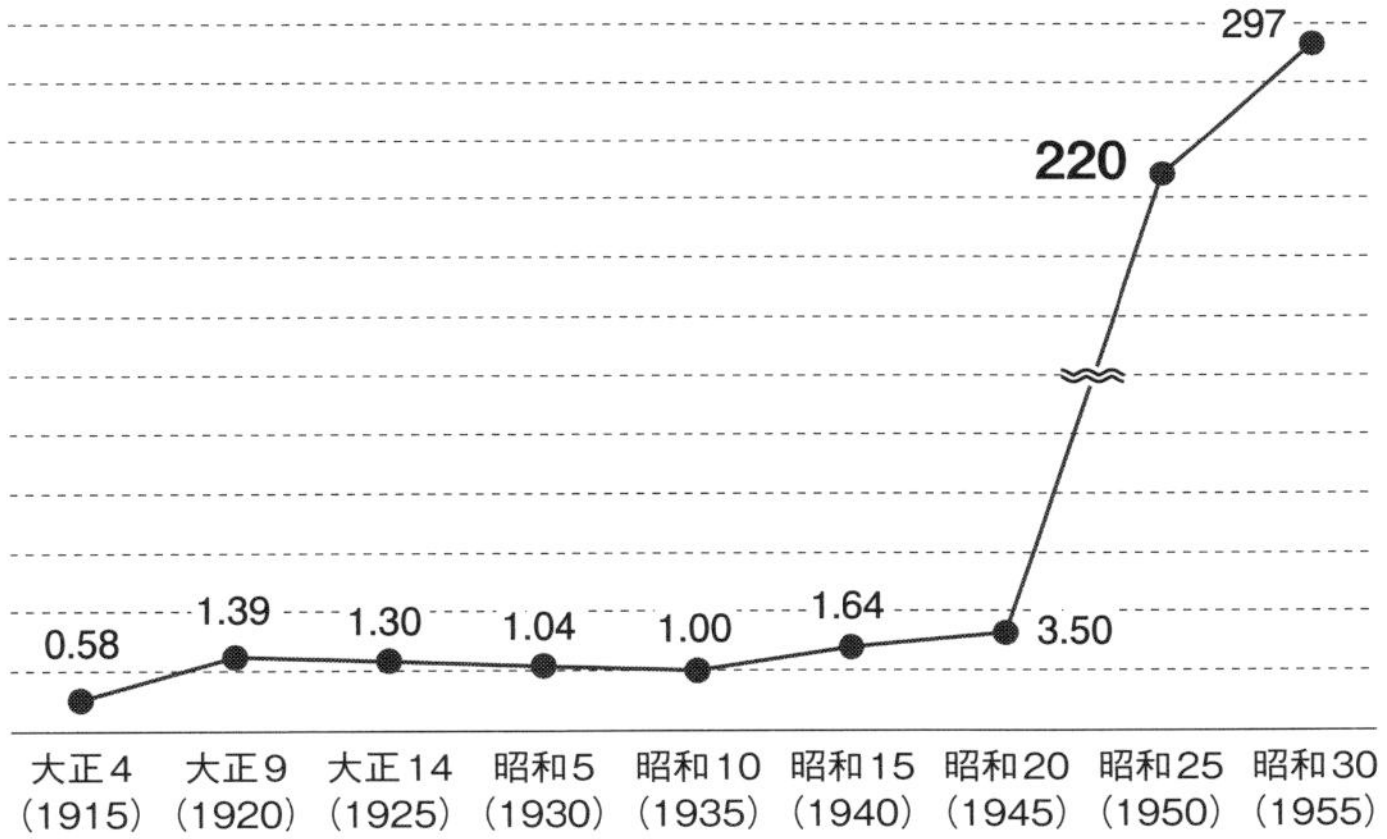

実施されていたので、資産を隠すのも難しい。

また、日中戦争頃から始まったインフレは、終戦後も歯止めがかからず。むしろハイパーインフレとなり、諸物価は日々恐ろしい勢いで高騰をつづけた。インフレが落ち着いた昭和24年（１９４９）頃の諸物価は、日中戦争勃発時の２２０倍にもなっている。

つまり、戦前・戦中の負債はそのぶん圧縮された。この悪性インフレも負債軽減を狙った政府の画策を疑う説もある。

通常の手段では返済不可能だった債務は、財産税とハイパーインフレによって清算された。あるいはそれが、戦前・戦中から考えられていた債務整理の手段だったのかもしれない。アメリカ相手に賠償金が得られるほどの完勝は不可能。それは政府も軍部も理解っていただけに、たとえ講和できたとしても、国民から借金した莫大な債務は残るのだが……最初から返済しないつもりなら、いくら借金しても怖くはない。戦争に勝とうが負けようが、国民は財産を奪われていたということだ。

徴兵制度により人件費は大幅に節約できた

さて、税金や公債などあらゆる手段を駆使してかき集めた軍事費を、軍隊ではこれをどのように使って戦争を遂行したのか？

昭和21年（１９４６）に大蔵省では「旧臨時軍事費特別会計歳入歳出整理額計算書」を作成し、翌年の議会に提出している。その内訳については大蔵省が編纂した『昭和財政史』で見ることができる。

日中戦争から太平洋戦争終戦までに陸海軍が使った軍事費は、総額７５５９億円。臨時軍事費特別会計によって集められた約１７３３億円はその20パーセント程度にしかならない。一般会計からも多額の軍事費が支給されていた。また、軍人恩給や軍用インフラ整備費などは軍事費としては計上していない。さらに、中国や東南アジアの広大な占領地では、軍が独

臨時軍事費使途別所管別支出済額 (単位:千円) (大蔵省『昭和財政史』より)

	陸軍省	海軍省	軍需省	大蔵省	計	%
物件費	60,874,807	57,790,907	19,384,181	—	138,049,895	83.5
人件費	9,477,265	5,951,833	17,327	—	15,446,425	9.3
諸支出金	331,100	1,966,567	6	—	2,297,673	1.4
研究費	463,167	281,516	—	—	744,683	0.5
機密費	766,630	130,527	720	—	897,877	0.5
軍政関係費	4,844,995	1,635,115	—	—	6,480,110	3.9
借入金利子	—	—	—	976,189	976,189	0.6
その他	319,178	212,742	—	—	531,920	0.3
合計	77,077,142	67,969,207	19,402,234	976,189	165,424,772	100

自に軍票を発行して必要な物資を現地調達していた。臨時軍事費特別会計からの歳出は氷山の一角といった感じ……だが、それでも莫大な軍事費がどのように使われていたのか。一端を垣間見ることはできるだろう。

臨時軍事費特別会計で使った1553億9721万8352円のうち、諸経費などを外して陸海軍に渡った金は1412億2000万円。このうち陸軍に762億2400万円、海軍には649億9600万円が支出されている。日露戦争の時には陸軍の支出が約85パーセントにもなったが、この戦争では陸海軍にほぼ均等の配分となっている。

陸地が主戦場だった日清・日露戦争の時と

は違って、太平洋戦争の戦域はその大半が海によって占められる。戦争遂行のために太平洋や東シナ海などの制海権の確保が重視され、そのために多くの艦艇や基地航空隊を運用せねばならない海軍は、予算配分の比重も高くなっていたようだ。

将兵の人件費に関しては、海軍の「俸給賞与」が45億1900万円だったのに対して、陸軍の「人件費」は93億7000万円。さらに陸軍ではこれに「一時賜金」「臨時家族手当」など3億4500万円が支払われている。陸軍の人件費は海軍のほぼ倍額になるが、太平洋戦争終戦時の兵力は陸軍547万2000人、海軍は241万7000人。兵の数もまた陸軍は海軍の2倍になる。軍事費のなかで人件費が占める割合は、陸軍12・7パーセント、海軍は7パーセント。人数が多い分だけ、陸軍は人件費がかさむ。

ちなみに、2019年の防衛予算は自衛隊員の人件費と糧食費で44・2パーセントを占めるという。同じ年の陸海空自衛隊員は22万6547名。たったそれだけの数で、防衛予算の半分近くが人件費に支払われてしまうのだ。数百万にもなる軍人たちの人件費をこのパーセンテージに抑えることができたのは、それだけ当時の兵隊が薄給だったということだろう。

軍事費を湯水のように使ってきた陸海軍が、唯一、経費削減に熱心だったのが人件費である。下級兵士の給与は、当時、ブラック企業だらけの日本でも考えられないほどに安かった。

それでも徴兵制度の下では、兵の補充に苦労することはない。徴兵検査に合格した健康な成人男子には兵役の義務があった。給与待遇の悪さを理由に、それを拒絶することはできない。戦争末期になると、熟練の職人や技術者まで末端の兵士として招集された。また、昭和18年（１９４３）になると、これまで旧制高等学校や大学などの高等教育機関の学生に与えられていた徴兵猶予の特権が撤廃され、在学中の学生たちも次々に徴兵されている。

国家が多額の投資をして育てた高学歴者、民間にいれば優良な労働力として活躍できる熟練工や技術者が、根こそぎ徴兵されて戦地に送られてしまった。彼らが普通に働けば、軍隊で支給されるよりも数倍の賃金を稼いだはずである。

2等兵の月給は陸海軍とも6円

ここで軍人個々に支払われた給与額について調べてみよう。『帝国陸海軍事典』の陸海軍軍人給与によれば、最下層の2等兵の月給は陸海軍ともに6円。下士官の陸軍軍曹は30円、同等の階級である海軍一等兵曹は28円、士官の少尉は陸海軍どちらも70円になる。

兵の月給は2等兵6円、1等兵9円、上等兵が10円。各階級の兵がほぼ同数存在していたと仮定すると、兵士の給料はその平均値の8・33円ということになる。陸軍が最盛期の兵力は417万人だから、兵卒への月給総支払額は約3474万円。同じ計算式を当てはめると海軍の水兵は184万人だから、支給額は約1533万円。陸海軍合計すれば月額5007万円が兵士たちの人件費として支払われていたことになる。

海軍で軍艦に乗務していれば、航海加俸などの手当が給与にプラスされる。危険海域での作戦では支給額も高く、インド洋で活動していた潜水艦乗組員などは月給とあわせて200円程度が毎月支給されていたが、これは例外中の例外。通常の艦隊勤務であれば、2等水兵は俸給と航海加俸などをあわせて月額20円前後といったところ。しかし、陸軍の2等兵だと加俸は多くは望めない。戦争末期に大量動員された新兵の多くは、外地手当なども なく、月額6円の基本給だけで我慢せねばならない。

ちなみに、戦時下の学徒動員により軍需工場で働いていた女学生でさえ、30円程度の月給が支給されていた。また、太平洋戦争が始まった昭和16年頃には、インフレによって工員の賃金も高騰し、民間工場でも日当2円程度が支払われていたという。25日働けば50円は稼げる。また、大卒サラリーマンの初任給は75~80円といったところか。

50円くらいの月収があった日雇い工員が招集されて陸軍2等兵になれば、収入は8分の1

昭和18年の陸海軍軍人給与（『帝国陸海軍』より）

陸　軍	月額（円）	海　軍	月額（円）
大　将	550	大　将	550
中　将	483	中　将	483
少　将	416	少　将	416
大　佐	370	大　佐	345
中　佐	310	中　佐	268
少　佐	220	少　佐	194
大　尉	155	大　尉	158
中　尉	94	中　尉	94
少　尉	70	少　尉	70
准　尉	110	兵曹長	101
曹　長	75	上等兵曹	55
軍　曹	30	一等兵曹	28
伍　長	20	二等兵曹	23
兵　長	13	兵　長	16
上等兵	10	上等兵	13
一等兵	9	一等兵	11
二等兵	6	二等兵	6

に激減してしまう。学徒出陣で徴兵された高学歴者は、幹部候補生となり短期間で将校になることができた。少尉なら70円の月給が支給されるから、民間企業の大卒者初任給と比べても大差はない。

しかし、幹部候補生になるには試験をパスする必要があり、また、在学中の軍事教練で派遣将校の心証を害するなどして、受験させてもらえない者も現れる。

高学歴者の中にも、将校への道を閉ざされた者もそれなりの数いた。そうなれば2等兵として、大卒初任給の10分の1以下の給料でこき使われる。

月々に50円くらいの収入があった庶民階層の男性は、徴兵されたことで毎月41・67円も収入が減る。当時の庶民は1ヶ月に15円程度を食費に使っていたという。軍隊では食事が支給されるので、その分を引いても民間企業より26・67円の減収。陸海軍には600万人を超える兵士がいたわけだから、全員の減収分を合計すると約1億6000万円。徴兵制度によってこれだけの金額の人件費が節約できたわけだ。その差額分もまた、多くの男性国民がその体で支払わされた軍事費といえるだろう。

兵隊と軍馬・軍用犬の待遇を軍事予算から比較

軍服などの軍隊生活に必要な衣料品などについて、将校や士官は自費で購入することになっていた。しかし、薄給の兵や下士官は、さすがに超ブラック企業の日本軍といえどもすべて官費で支給される。海軍の場合は「衣料費」として47億3800万円。陸軍の場合は「物件費」や「物資購入特別諸費」の中に含まれてはっきりとしないが、海軍の2倍以上の人員がいたこともあり、当然、その費用も人員に比例して増える。

陸軍の兵士たち。軍服や武器などの軍装はすべて支給された。

軍隊では基本的に私物の所持は認められない。入営すると丸裸にされて、下着まですべて官給品の下着に着替えさせられる。新兵が入営すると小銃、銃剣、鉄兜、背嚢《はいのう》（リュック）、テント、携帯ショベル、飯盒《はんごう》などの軍装品にくわえて、軍服や作業服、軍手、軍足、軍靴、長靴、下着類などの衣類一式が貸与された。これを個々で管理して除隊の時に返納し、まだ使用可能なものは次に入隊してきた新兵に貸与されることになる。

人件費と同様、兵士の衣料費についても軍隊では倹約が徹底された。下着や軍足などは破れても交換してもらえず、継ぎ当てをしてボロボロになったものを使いつづけた。戦地では補給がままならないこともあり、軍服はあちこち破れ、穴だらけの軍靴を履く兵士の姿も目立った。防寒服や防暑服も不足してすべての兵士に行き渡ることはなかった。また、戦争末期には鉄材不足のために飯盒を支給してもらえず、水筒代わりに竹筒が支給された部隊もあったという。

そこまで倹約しても、陸海軍あわせて100億円を超える衣料費が必要となる。臨時軍事費特別会計で海軍が衣料費に使った金額は7・2パーセント。また、昭和16年（1941）2月に「支那事変ニ関シ派遣軍隊ノ維持等ニ要スル経費」として陸軍から総額5億円にもなる臨時軍事費支出請求書が提出された。その7・1パーセントにあたる3560万3588円が「被服費」だった。これを見ても軍事費に占める衣料費の割合は、陸海軍ともにおおよそ7パーセント程度だったことが分かる。

また「臨時軍事費支出請求書」では、糧秣《りょうまつ》費として4542万8938円が請求されている。これに被服費を加えると8103万2526円になり、軍事費の約16パーセントが兵士たちの衣食に充てられる。当時、日中戦争で動員されていた日本軍兵力は約144万人。兵士1人あたりだと56円27銭である。

この「臨時軍事費支出請求書」からは他にも興味深い数字がみつかる。たとえば軍馬の食糧や蹄鉄代などの「馬匹《ばひつ》費」として、648万324円が請求されていた。日中戦争で

臨時軍事費支出請求書（「臨時軍事費支出の件内議　昭和16年2月」より）

科目	金額（円）
臨時軍事費	五〇〇,〇〇〇,〇〇〇
人件費	三六,七一七,二四三
俸給	二九,〇七七,六一二
旅費	四,一一五,二三〇
傭給	三,二二一,七四三
諸手当	三〇二,六一四
物件費	四六三,二七二,七九七
需品費	一二,五四三,五六四
郵便電信費	四,三三九,三〇八
糧秣費	四五,四二八,九三八
被服費	三五,六〇三,五八八
兵器費	三〇四,〇二三,三一〇
馬匹費	六,四八〇,三二四
演習費	六一一,四四三
患者費	四,四七九,八八五
運輸費	四二,四九三,九八九
築造費	二,八一七,四二九
接待費	一一一,八七〇
雑　費	四,四二二,〇二九
軍用鳩諸費	一三,五六〇
軍用犬諸費	一三,五六〇

※傭給は、常雇用でない者への俸給　※糧秣は、兵士の食糧や軍馬のまぐさのこと

は34万9000頭の軍馬が動員されたというから、1頭あたり18円57銭。兵士1人分衣食費の3割程度の費用で軍馬は養われていたことになる。軍隊経験者には、兵士よりも軍馬のほうが大事にされたという昔話をする者が多い。

初年兵の訓練期間に嫌というほど復唱させられる「初年兵心得五カ条」にも、

「軍馬は兵器、陛下からの賜り物。兵隊は一銭五厘の消耗品」

と、ある。消耗品である兵士よりも、銃や大砲と同様に大切な兵器である軍馬が何事も優先されるというわけだ。しかし、軍事費を見る限りにおいては、馬よりは人が優遇されていたようではある。ちなみに、当時の日本軍では約1万頭の軍用犬が飼育されていたが、こちらは「軍用犬諸費」

として1万3560円。犬1匹あたり1円35銭、馬と比べると金銭面では待遇が悪い。

東京に何軒も家が建つ…気になる兵器の値段とは?

軍隊は兵士の給与や食費は切り詰めても、兵器には金を惜しまない。陸海軍ともに軍事費の大半は武器・弾薬や、装備品の調達、修理、整備などの物件費に使われている。臨時軍事費特別会計でも、その83・5パーセントが物件費によって占められた。

まずは陸軍。歩兵が携帯する小銃は、明治38年（1905）に採用が決定した三八式歩兵銃が太平洋戦争開戦時にも主力小銃として使われていた。狙撃銃として改良されたものや、銃身を短くして扱いやすくした三八式短小銃など様々な改良型も開発されている。太平洋戦争時の価格は1挺85円30銭。これが昭和19年（1944）の生産終了までに、340万挺製造されている。

また、昭和16年（1941）には、九九式短小銃も生産が開始された。太平洋戦争ではこの新型小銃が三八式歩兵銃とともに歩兵の主力兵器として使われ、終戦までに約250万挺が製造されている。

陸軍が作成した「昭和19年度地上兵器資材整備予算」によれば、九九式短小銃の単価は152円、これに装着する銃剣が11円50銭。旧式の三八式歩兵銃と比べると、1挺あたり価格はかなり割高なものになる。250万挺だと4億875万円。数百万の歩兵に銃を持たせるだけでも、かなりの費用がかかる。旧式の三八式歩兵銃も戦争末期まで製造されていたので、それを含めれば数字はさらに大きくなる。

九九式短小銃の単価は、当時の勤労世帯の月収とほぼ同額。1挺でも高価な代物だった。

九九式軽機関銃

しかし、それでも機関銃や大砲と比べれば安い。

歩兵小隊に3挺が定数だった九九式軽機関銃の単価は1500円。小銃の約10倍にもなる。また、砲兵部隊が使用する最大級の九六式十五糎《センチ》榴《りゅう》弾《だん》砲《ほう》ともなれば2万8000円。4000～5000円あれば東京に家が買えた時代である。大砲ひとつ

都内に何軒も家が建つほど高価だった九六式十五糎榴弾砲

で6軒の家が買えた。九六式十五糎榴弾砲は昭和13年（1938）に正式採用され、終戦までに378門が造られた。これだけで東京に2000軒以上の家が買える計算になる。

第一次世界大戦では戦車や航空機などの新兵器が猛威をふるった。その凄まじい破壊力は、戦争の様相を一変させてしまう。第二次世界大戦では飛行機と戦車の数が、戦闘の勝敗に直結した。このため航空戦力や戦車部隊の整備には力を入れたが、その破壊力に比例した高価な兵器でもある。

陸軍で昭和13年（1938）に正式採用された九七式中戦車は、太平洋戦争の主力戦車として使われた。終戦までの生産台数は2123輌。車輌は民間工場などでも作られ、16万5400

多額の軍事費が投じられていた、主力戦車の九七式中戦車チハ

円で陸軍に納入される。これに９２００円の九七式五糎七戦車砲と、２８００円の車載重機関銃などの装備品が搭載される。装備込みの価格は１輌約18万円といったところだろうか。

また、主力戦車である九七式中戦車の他にも、小型の軽戦車も大量に保有していた。

昭和11年（１９３６）から量産体制に入った九五式軽戦車は２３７８輌が製造され、こちらの価格は８万７１９０円になる。他にも前線偵察や市街戦、治安維持などの用途に使われた装甲車が２万円、兵員輸送などに使うトラックは１台３０００円くらい。

ドイツ軍は大量の装甲車や軍用トラックに兵員を乗せて、戦車部隊に随伴させる機甲師団を世界に先駆けて編成した。第二次世界大戦ではドイツ軍機甲師団が高い機動能力を活かした電撃戦により、あっという間にフランスを占領してしまう。この後、イギリス軍やアメリカ軍でも、機甲師団や歩兵をすべて自動車で移動させる機械化歩兵師団を編成するようになる。しかし、戦車に比べて安いとはいえ……師団規模の自動車化には大量のトラックや装甲車が必要になる。また、燃料費や整備費もかかる。

日本軍では機械化歩兵師団を編成することはなかった。それだけの数の自動車を生産するには、国内自動車工場の生産能力に不安がある。また、運転手の数が足りない。当時の日本で自動車が運転できた者は、将兵全体の3〜4パーセント。軍では特殊技能とされていた。そのため機械化歩兵師団どころか、重砲や兵站の輸送もトラックよりも軍馬が使われた。いかに潤沢な軍事費を得ようとも、お金だけでは解決できない問題はある。

航空機搭乗員の養成は年間1000人が限界か!?

技術を要するといえば、太平洋戦争で主力兵器となった航空機の搭乗員の養成には、自動車を運転する以上の時間と費用を要した。

陸軍では日中戦争が始まった昭和12年（1937）に、陸軍士官学校から分離して陸軍航

昭和10年に開校した熊谷陸軍飛行学校

空士官学校を設立。また、少年飛行兵制度を設けて大量の志願者を募り、下士官搭乗員の大量養成も開始した。所沢飛行場や熊谷飛行場などに陸軍航空飛行学校が設置され、終戦までにここでは約5万人が学んでいる。

海軍にも高等小学校卒業者を対象とした予科練習生制度があったが、昭和12年にはこれを拡大して、甲種飛行予科練習生制度を設けている。こちらは旧制中学校卒業者を対象に、下士官搭乗員の大量養成をめざしたもの。また、高等小学校卒業者を対象とした従来の飛行予科練習生制度も、乙種飛行予科練習生に名称変更して存続させている。

甲種予科練習生は太平洋戦争が始まる昭和16年（1941）まで、毎年200名程度が採用されていた。乙種もそれとほぼ同等の採用人数だったが、開戦後はどちらも採用枠が拡大される。戦争末期になると国内19ヶ所に訓練施設が設けられ、甲種・乙種あわせて3万人以上が採用されるようになった。終戦までの採用人数は24万2000人にもなる。

海軍の場合、搭乗員の実技教育に要する期間は1年程度。半年間は練習機で40時間以上の操縦を経験させ、その後は戦闘機や爆撃機、雷撃機などそれぞれ専門に分かれて実技訓練に入る。最も育成に時間を要する戦闘機パイロットの場合は、実戦に使う戦闘機を用いて60時間の実技訓練、さらに150時間程度の戦術訓練がおこなわれる。飛行訓練は合計250時間、養成には1年以上の期間を要する。陸軍の場合もおおよそ似たようなものだった。

現代では自家用機の操縦免許を取得するのに約1500万円、自衛隊機の戦闘機パイロットともなれば5億円以上が必要だといわれる。年間3万人以上の搭乗員を養成するのは無理があった。練習機や教官の数、燃料などすべて足りない。戦前の予科練採用人数は500名に満たなかった。

陸軍もあわせて年間に1000名程度、この人数が日本の国力で養成できる限界ではなかったか？　練習機や燃料の不足がさらに深刻になった戦時下では、搭乗員の訓練を満足におこなうことができずに、練度不足の新人搭乗員が最前線に送り込まれた。このため初陣で

昭和７年（1932）頃の予科練の少年航空兵。制服には水兵服が採用されていたが、不評だったため、後に７つボタンの短ジャケットの制服に変更されている。

生き残れず戦死する搭乗員が増える。

さらに戦争後期になると、大半の予科練習生は1度も飛行機に乗ることなく基地設営の土木作業に従事した。また、一部は人間魚雷や特攻艇の乗員となっている。終戦直前には本土決戦に備えて予科練習生を各地の海岸に配置し、爆弾を抱いて敵上陸部隊に特攻する作戦も立案されていた。国力を考えずに搭乗員を大量採用したことで、軍もその使い道に苦慮したようだ。

軍用機の製造と運営にも莫大なコストを要した

航空機が主力兵器となったことで、日中

戦争が始まってからは軍用機の生産数も急増した。エンジンや本体以外にも飛行機には大量の部品が使われ、それが多くの民間工場に発注される。航空機の生産数はその国の工業力に比例する。「世界の工場」として稼働したアメリカでは、戦時下に32万4750機を生産している。日本もその貧弱な工場設備のわりには健闘し、終戦までに陸海軍機をあわせて7万9123機を生産した。

飛行機は戦車以上に高価な兵器であるだけに、軍事費全体の80パーセント以上にもなる兵器調達費のなかでも、それが占める割合は高い。

太平洋戦争で海軍の主力戦闘機だった零式艦上戦闘機の機体価格は約3万円、陸軍の隼戦闘機が2万5000円。装備品を加えると、零戦の価格は5万円程度になるというのが定説。だが、海軍省が議会に提出した「昭和二十年度臨時軍事費説明書」によると、機種は明記されていないが艦上戦闘機1機の単価は13万2000円、艦上爆撃機も同じく13万2000円、雷撃などに用いる艦上攻撃機14万2000円、双発の大型機である陸上攻撃機36万2000円、大型輸送機45万8000円、大型飛行艇66万2400円となっている。

説明書に記された価格は、定説でいわれる5万円とかなり相違があるのだが……戦争末期には零戦も排気量の高いエンジンに換装され、防弾板や防弾ガラスを装備するようになっ

海軍の主力機として太平洋戦争を通じて運用された零式艦上戦闘機〝零戦〟

た。そのぶん製造コストも高くなっている。また、開戦時よりはインフレはさらに進んでいるし、戦争末期には零戦よりも高価な新型機も登場している。そういった様々な要因から、この価格となったのかもしれない。

ちなみに零戦は昭和15年（１９４０）に海軍が正式採用した11型から、21型や22型、32型、52型など終戦までに様々な改良型や派生型が生産されている。生産機数は１万７０００機。１機5万円だったとしても5億３５００万円かかる。

また、陸海軍全体では８万機近い軍用機が生産され、それに投じた費用は数億円規模。７５９億円といわれる軍事費全体からすれば、意外に少ないと感じる金額かもしれない。しかし、航空機を運用するには、搭乗員の育成や飛行場の建設、整備費用や燃料や銃弾、爆弾など他にも様々なコストがかかる。それらを含めれば、軍事費全体のかなりのパーセンテージを占めることになる。

桁違いの費用がかかった軍艦の運用

そして最も高価な兵器といえば、やはり、軍艦だろう。

海軍では対米戦を意識して、昭和12年度から第三次海軍軍備補充計画をスタートさせた。これは6カ年計画で66隻の艦艇を新たに建造するというもの。追加要求分を含めると総額16億7076万7000円の予算が投入されている。

大和型戦艦の『大和』『武蔵』もこの計画で建造されたもので、1隻あたりの単価は1億3780万円。世界最大の戦艦を建造するために、外国から高価な工作機械を購入し、ドックの拡張工事までおこなったが、これらの費用は建造費に含まれていない。

また、第三次海軍軍備補充計画では2万5000トン級の翔鶴型大型空母2隻が建造され、こちらは1隻8449万6983円。1隻967万9191円の艦隊随伴型大型駆逐艦、1553万円の大型潜水艦なども大量建造されている。

第三次海軍軍備補充計画で建造された戦艦大和

海軍はこの後も、第四次海軍軍備充実計画、第五次海軍軍備充実計画と、大規模な艦隊整備計画を議会に予算承認させている。このふたつの艦隊整備計画の艦艇建造費に50億円以上が予定されていた。

軍艦は建造後の維持費にも莫大な費用がかかる。たとえば、大和型戦艦の場合は泊地に停泊しているだけでも、燃料費や機器のメンテナンス代だけで1隻あたり年間約４００万円程度の金を使う。

太平洋戦争開戦時、海軍は戦艦12隻、重巡洋艦18隻、制式空母6隻を中核に戦闘艦艇だけでも２３７隻、１００万総トンを超える艦艇を保有していた。その維持費は莫大な金額になる。

当時最先端の兵器だった酸素魚雷。価格も高く、戦闘機を撃っているようなものだった。

さらに、海戦が勃発すれば大量の砲弾や魚雷、燃料が消費される。大蔵省が作成した『海軍艦艇其他予算単価調』によれば、長門型戦艦の主砲で使用される41センチ主砲弾用徹甲弾１発の単価は１３７２円、大和型戦艦の46センチ砲弾は１９２０円。多くの主力艦艇に装備されていた12・７センチ連装高角砲で使用する砲弾単価が２８７円、大口径の25ミリ機銃弾１発26円となっている。また、駆逐艦や潜水艦などに搭載されていた九二式魚雷は１本２万９０００円、新兵器の九四式酸素魚雷ともなれば４万円。戦闘機１機分の価格とほとんど変わらない高価なものだった。

　太平洋戦争のスラバヤ沖海戦では、高価な酸素魚雷を合計１８８本発射している。これだけ

スラバヤ沖海戦で日本軍の猛攻を受けるイギリス軍の重巡洋艦エクセター

でも752万円……当時の庶民の工員1万人以上の年収に相当する。

また、レイテ沖海戦における『軍艦大和戦闘詳報』を見れば、昭和19年（1944）10月17日から10月28日までの12日間で、戦艦『大和』は主砲弾173発、副砲の15・5センチ砲弾510発、高角砲弾3801発、25ミリ機銃弾8万5897発を発射している。『大和』1隻だけで金額にして300万円以上の弾薬を消費したことになる。

陸戦でも大量の弾薬が使われる。日露戦争開戦前、日本軍では大砲1門あたり1日で50発の使用を目安にしていた。

しかし、実際に戦争が始まってみるとその程度では足りない。1日の平均発射数が400発

東洋最大とうたわれた大阪砲兵工廠

に達する戦いもあった。国内の工場がフル稼働しても追いつかず、外国から大量の弾薬が輸入された。第一次世界大戦以降は火力支援が重視されるようになり、戦争での弾薬使用量は日露戦争の頃よりもさらに増えていた。

太平洋戦争の頃になると、日本陸軍では3ヶ月程度の作戦で十五糎榴弾砲1門あたり600発、小口径の山砲や野砲などは1門2000発の砲弾使用を想定していた。しかし、実際の戦闘ではそれ以上の弾薬が使用されることになる。

太平洋戦争が始まると東洋最大の大阪砲兵工廠《こうしょう》をはじめ、各地の陸軍工廠や民間工場がフル稼働して3億発以上の砲弾が生産された。それでもアメリカ軍の優勢な火力には圧倒される。また、日本軍の兵站輸送能力では前線まで輸送できる弾薬量には限界がある。

陸軍兵士の大半を占める歩兵は、弾薬盒《だんやくごう》と呼ばれる牛革製の弾薬箱に小銃弾を入れて、これをベルトに括りつけて携行した。兵士1人で120発が定数、ひとつの作戦で300発程度の使用が目安だった。

歩兵銃や軽機関銃などで使用される口径6・5ミリや7・7ミリの銃弾は、太平洋戦争開戦から昭和19年（1944）まで年間4億発が生産されている。しかし、こちらも各地の戦場で不足し、兵たちに銃弾の節約を命じることが多かったという。

腰につけているのが弾薬盒

戦争が始まると軍事費に占める弾薬費の割合は、陸海軍ともに上昇する。とくに陸軍はその比重が高く、平時には20パーセント以下だった弾薬費は、日中戦争が始まった昭和12年になると56パーセントに上昇。翌年になるとさらに数字は上り76パーセントにまでなっている。

戦争に使った石油は、お金に換算して約6億円

戦争が始まると、弾薬と同様に艦隊燃料や航空機、戦車に使うガソリンなど大量の燃料が消耗された。昭和10年（1935）の日本全体の石油使用量は、年間約448万キロリットルだった。そのうち海軍用に60万キロリットル、陸軍用は20万キロリットルが使われている。

日中戦争が始まってからは、軍の石油使用量が増えつづけた。昭和15年（1940）には海軍が108万2000キロリットル、陸軍が36万9000キロリットルを消費している。そのぶん民需用は「石油の一滴は血の一滴」のスローガンのもと徹底した節約がおこなわれ、昭和13年（1938）には393万9000キロリットルにまで増えていた石油の使用量は、313万3000キロリットルに激減。これによって年間の石油消費量は日本全体で458万4000キロリットルと、日中戦争勃発以前とほとんど変わらない数字に落ち着いていた。

アメリカと戦争を始めてしまうと、それではすまない。さらに使用量が増えることは容易

陸海軍・民間における石油の使用量

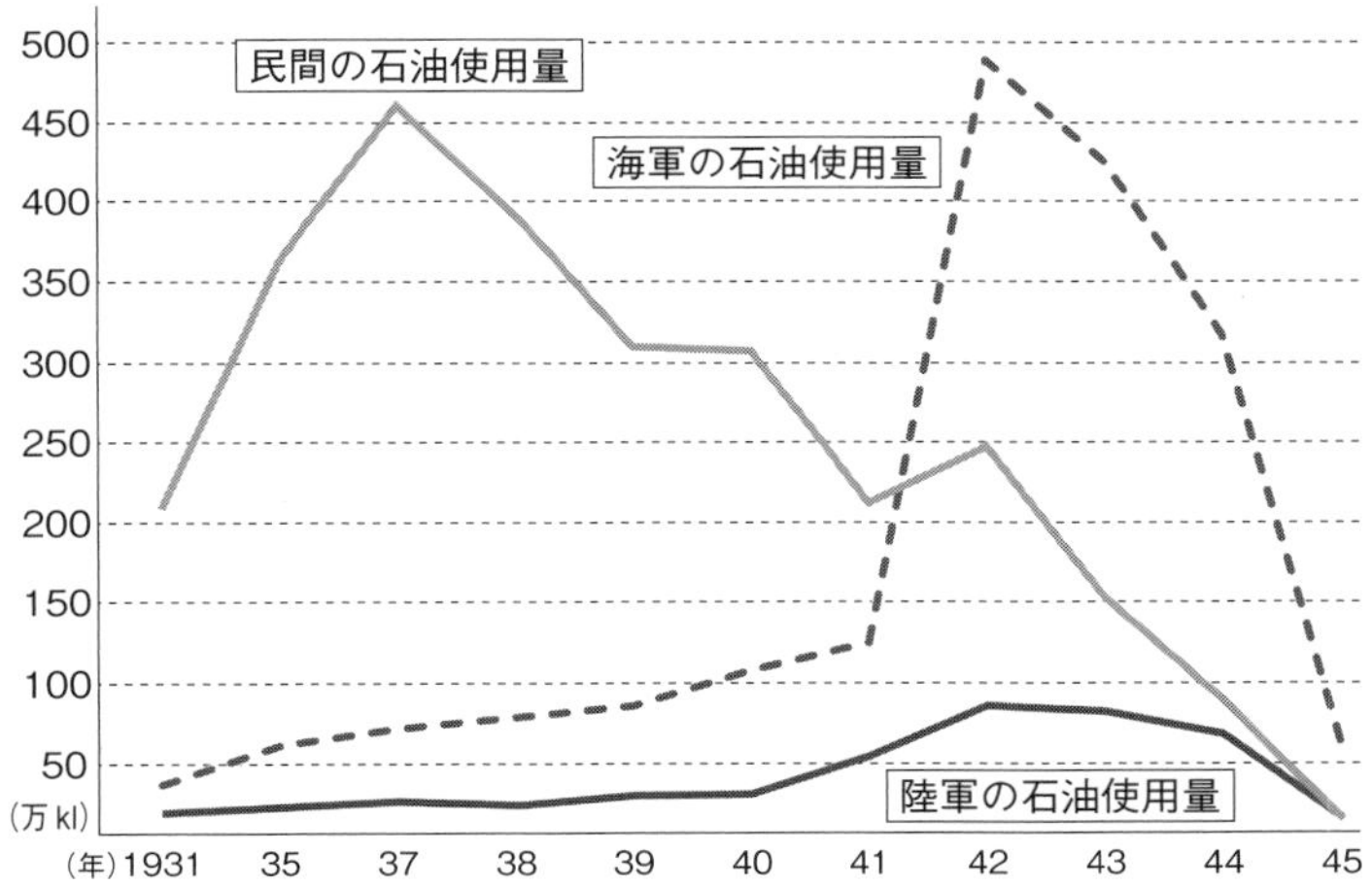

に察しがつく。海軍国防政策委員会が対米開戦した場合の石油使用量を想定した。それによれば、戦争1年目は海軍３００万キロリットル、陸軍60万キロリットル、民間用などで２４０万キロリットル、合計６００万キロリットルが必要となり、２年目からは海軍用が２５０万キロリットルに減って年間５５０万キロリットルと試算している。

しかし、実際の使用量は、弾薬の場合と同じで予測を大きく上回ってしまう。昭和16年（１９４１）から昭和20年（１９４５）の５年間で陸海軍が使用した石油は１７３３万７０００キロリットル。日中戦争が始まった昭和12年（１９３７）からの分も含めると２２１６万１０００トンの石油が戦争のために消耗された。また、最も大量に石油を消費した昭和17年（1942）は、海軍だけで487万5000キロリットル、陸軍が85・5万キロリットルを使っている。

アメリカが石油禁輸措置をおこなう直前の昭和15年（1940）、原油1バレルあたりの輸入価格は1・02ドルだった。1バレルは159リットル、当時の為替レートは1ドル＝4・27円だから、石油の輸入原価は1キロリットル27円39銭である。日中戦争から太平洋戦争終戦までの戦争で消費した石油は6億円以上。さらにガソリンや重油などに分離する石油精製のコストまで含めれば、金額はさらに増えるだろう。

日本は石油のために戦争を始めた。決定していた戦略は、蘭印の油田地帯を占領して長期不敗体制を確立する。それだけである。

当時、蘭印から産出される原油は年間1000万キロリットルといわれていた。価格にすると年間約2億7000万円。それを得るために、莫大な戦費を費やし多くの人命を失ってしまったのだから……やはり、戦争は最もコストパフォーマンスの悪い外交手段ではある。

【第二章】戦争で失われた人命と財産

太平洋戦争の戦没者は310万人

太平洋戦争で失ったのは、軍事費だけではない。多くの人命や国民・企業の財産が戦争の嵐に巻き込まれて消えた。

日清戦争や日露戦争、第一次世界大戦と、それまでの戦場は日本と海を隔てた大陸でおこなわれた。従軍した兵士以外に、戦争の本当の怖さを知る者はいない。西南戦争から半世紀以上、日本国内で戦いは起こっていなかった。そういった意味では、戦後生まれの我々と同様に、当時の日本も戦争を知らない世代が大半。だから日中戦争が始まった時にも、「これで少しは景気がよくなるだろう」

そんな感じだった。第一次世界大戦終戦から長らくつづく経済の低迷に嫌気がさした人々は、沈滞ムードを払拭する変革を望んでいた。戦争勃発はその好機。国民の大多数がそんな期待を寄せていた。

蒋介石の国民党政府はすぐ屈服するだろう。結果、中国の日本権益は拡大され、経済は発展する。暮らし向きもよくなるはずだ、と……だが、国民党政府は首都・南京が陥落しても、しぶとく抗戦をつづける。想定外の長期戦。膨大な国家予算と、大量の物資が戦争のために消耗されつづける。国民生活は苦しくなる一方だった。

こんなはずではなかった。戦争が終わらないのは、蔣介石の国民党政府を援助する者たちがいるからだ。米英が和平の邪魔をしている……と、責任転嫁がはじまる。しだいに「米英憎し」の感情が芽生えた。

「戦争を終わらせるには、対米戦もやむなし」

国民の間に、そんな空気は蔓延していた。この時もまだ、多くの国民は戦争の災いが自分に及ぶとは考えていない。湾岸戦争やシリアの内戦をテレビで眺めている現代の日本人と同じだった。対岸の火事としか思えない。戦争に対するリアリティが欠如していた。

そして、太平洋戦争は始まってしまう。自分が住む街が戦場となった時、はじめて人々はその戦争の実像を知ることになる。戦いに巻き込まれてしまえば、命も財産もすべて奪われるという残酷な真実。それを知るために支払わされた代価は、途方もなく大きなものだった。

太平洋戦争における軍人と軍属の戦没者は約230万人、空襲で亡くなった民間人まで含めれば約310万人という数字がよくいわれる。その多さもさることながら、非戦闘員の犠牲者が約3割にも達しているのは、これまでの戦争ではなかったこと。莫大な軍事費にも増して、辛く多大な損失といえるだろう。政府や軍部、国民、誰も予想できなかった。また、戦争が終わった時点でも、これだけ多くの犠牲者がでたことを把握している者はいなかった。

終戦の翌月、昭和20年（１９４５）９月４日に開かれた臨時帝国議会で、東久邇宮《ひがしくにのみや》首相が戦争被害についての公式報告をおこなっている。この時の発表では、陸海軍の戦死者が約46万７０００人、民間人の死亡者は24万１０００人ということだった。合計約70万人。後に定説として語られるようになる３１０万人という数字とは、かなりかけ離れた数字だった。これが終戦直後の認識である。

この犠牲者数は、終戦の混乱のなか急いで資料をまとめたもの。軍隊の死亡者数は混乱する戦場からの報告をもとにしているだけに、各所に不備が目立つ。また、民間人の死亡者は警察の死体処理件数から作成したものであり、行方不明者はカウントされていなかった。

この後、消息不明者の死亡が次々と確認された。終戦直後の公式報告が実態とかけ離れていることが、しだいに明らかになってくる。政府も正確な犠牲者数を把握するために、追跡調査をおこなった。その調査が完了し、『太平洋戦争による我国の被害総合報告書』として公表されたのは、終戦から４年が過ぎた昭和24年（１９４９）のことだった。それによれば「陸海軍人軍属の被害」として死亡１５５万５３０８名、負傷行方不明が30万９４０２

政府統計による主な戦争の死傷者（※太平洋戦争の死傷者は昭和24年の発表数）

戦争名	総数	軍人・軍属				銃後人口
		死没者			負傷者	
		総数	陸軍	海軍	総数	死没者数（※1）
日清戦争	17,798	13,825	13,488	337	3,973	—
日露戦争	238,666	85,082	84,435	647	153,584	—
満州事変	17,798	…	…	…	…	…
日中戦争（※2）	511,453	185,647	…	…	325,806	…
日中・太平洋戦争（※3）	2,533,025	1,555,308	1,140,429	414,879	309,402	668,315

※1…負傷行方不明者含む　※2…昭和12～20年　※3…昭和17～23年

名の合計186万4710名。「銃後人口（＝軍人・軍属意外の民間）の被害」は死亡29万9485名、負傷行方不明36万8830名の合計66万8315名となっていた。総計253万3025名。これでも、定説の310万人にはまだ足りない。

報告書をまとめた担当者も、まだ被害の実態をすべて把握していないという認識があったのだろう。まだ、戦死や死亡とカウントされていない消息不明者が大勢いるという但し書きが記されている。そして、この後にも次々と新たな戦死者が判明した。

戦没者の遺骨収集や援護年金支給などを担当する厚生省援護局では、戦争犠牲者の全貌を把握するために集計作業を引きつづきおこなった。そして、昭和52年（1977）に軍人・軍属・準軍属の戦没者約230万人、外地の一般邦人約30万人、内地の一般法人約50万人という見解を示した。これを合計した「約310万人」が現在の定説となっている戦没者の数だ。

あまりに大勢の人々が亡くなった。その全貌を知るにも時間を要する。また、空襲による資料の喪失や終戦期の混乱が、さらにそれを難しくした。結果、戦没者約310万人を推定するまでに30年以上の歳月を要してしまった。

ちなみに、太平洋戦争開戦直前の昭和15年（1940）、日本の総人口は約7300万人だった。それを分母に計算してみると、戦没者数は総人口の4パーセントを超える。国民の25人中1人が戦争で死んだという計算になる。

人命軽視の日本軍、各地の戦場で〝無駄使い〟が目立つ

戦場で亡くなった兵士の数が約230万人という数字だけでも、過去の戦争とは比較にならないほど多い。日清戦争における軍人・軍属の死者は1万3825名、日露戦争が8万5082名だった。また、盧溝橋事件が起こってから太平洋戦争が始まるまでの日中戦

第二次世界大戦の主な参戦国の死傷者

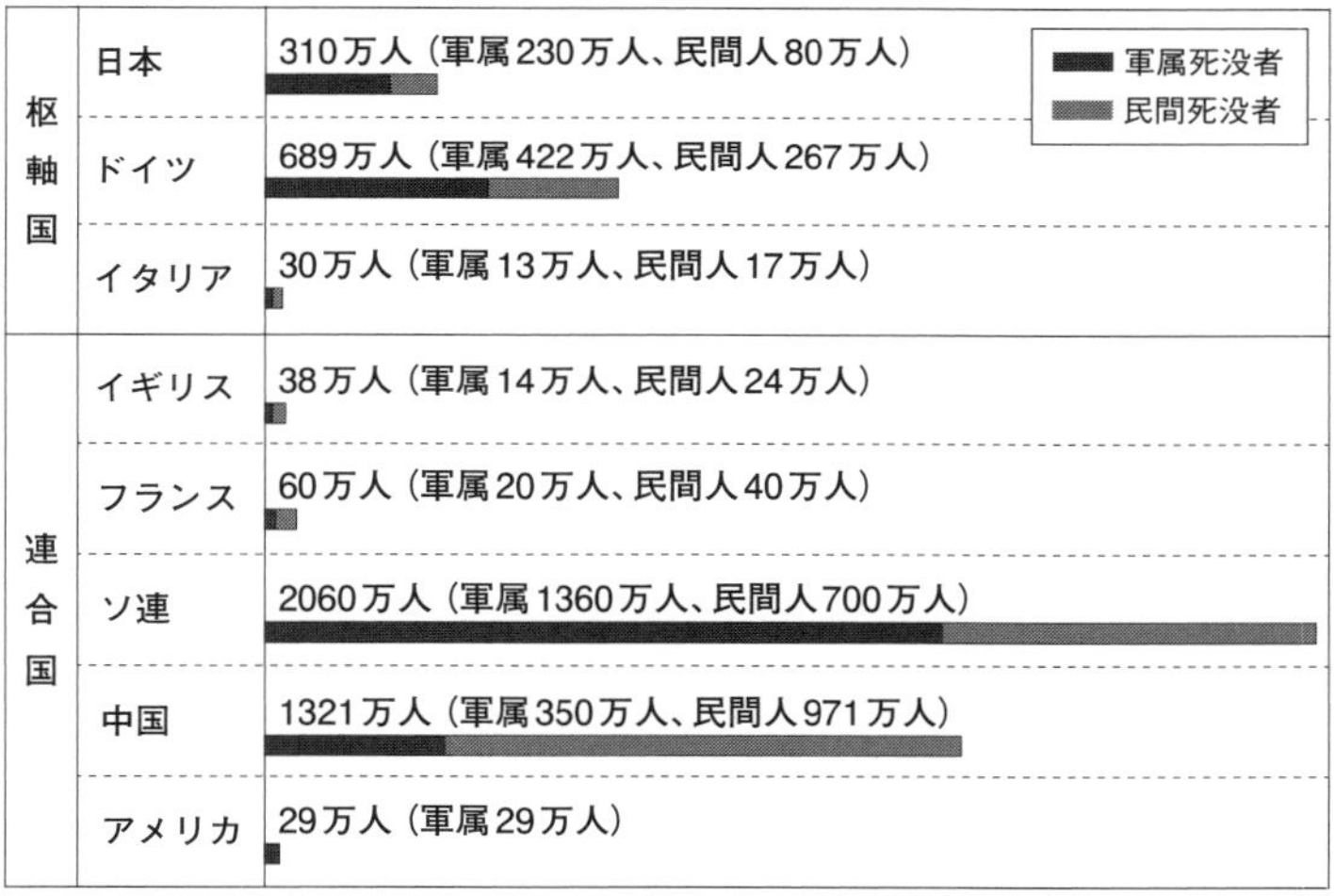

			軍属死没者 / 民間死没者
枢軸国	日本	310万人（軍属230万人、民間人80万人）	
	ドイツ	689万人（軍属422万人、民間人267万人）	
	イタリア	30万人（軍属13万人、民間人17万人）	
連合国	イギリス	38万人（軍属14万人、民間人24万人）	
	フランス	60万人（軍属20万人、民間人40万人）	
	ソ連	2060万人（軍属1360万人、民間人700万人）	
	中国	1321万人（軍属350万人、民間人971万人）	
	アメリカ	29万人（軍属29万人）	

争でも、この約4年間で死亡した軍人・軍属は18万5647名。大半の死者はアメリカとの戦争が始まってから発生したものだ。

他国の戦死者数とも比較してみよう。第二次世界大戦を戦った各国軍隊の戦死者数を見れば、国土が戦場となったソ連が1360万人、中国は350万人と飛び抜けて多い。しかし、同じように国土が戦場となったフランス軍は約20万人。ヨーロッパやビルマなど多方面で枢軸国と激闘を繰り広げたイギリス軍の戦死者数も、約14万人に抑えられている。また、1635万名の兵士を動員して世界各地で戦ったアメリカ軍の戦死者は、約29万人だった。

民主主義国家では、民意を気にしながら戦争を遂行せねばならない。戦死者が増えれば政権支持率は下がり、戦争を存続することも難しくなってくる。軍中枢もただ勝利すればいいというわけではなく、戦死傷者を極力抑える努力が求められる。国家体制の違いが、兵士の戦死率にも大きく影響するようだ。

日本軍は兵士の戦死率を気にすることなく作戦を実行できた。民主主義の足枷をはめられたアメリカ軍に対して、この点だけは圧倒的に有利。アメリカ軍兵士の死傷者を増やすことに作戦の主眼を置き、なおかつそれが成功すれば……あるいはそれが唯一、講和を可能にする手段だったのかもしれない。

最も多くの戦死者が出たのはフィリピン

さて、昭和24年の時点で、陸海軍軍人の戦死者・行方不明者186万4710名が判明していた。陸海軍別に見ると、陸軍143万5676名、海軍42万9034名。陸軍兵力は海軍の約2倍だが、戦死者の数は3・3倍。戦死する確率は陸軍のほうが格段に高かった。戦争末期になると艦隊燃料が底をつき、海軍は多くの残存艦艇を残したまま泊地で逼塞《ひっそく》していた。終戦まで最前線で激闘をつづける陸軍諸部隊と比べれば、安全な状況にあったといえるだろう。それがこの差となって表れたのかもしれない。

また、行方不明者は陸軍が29万５２４７名だが、海軍は1万４１５５名とさらに少なくなる。陸戦では戦場で行方不明となった者が、長期間生きつづけて駐屯地に帰還することもある。そのため戦死認定が躊躇われ、終戦後も行方不明のままになっている者はかなりの数いたようだ。しかし、海軍では海戦で艦が沈没すれば、運良く味方艦に救助されない限り洋上で長く生存するのは不可能。消息不明者はすぐに戦死と判断される。航空機搭乗員の場合も同様で、燃料が尽きれば墜落死するしかない。そのため未還機の搭乗員は翌日になると戦死認定された。

昭和39年（１９６４）に、厚生省援護局が各地域別の陸海軍戦没者数を公表している。この時点ではまだ戦死者数２１２万１０００名と、最終報告よりも少ないのだが各戦域別に分けた人数が記されており、戦争の実相を知るにはよい資料になる。これによれば中国全土で45万５７００名、戦死者の約４分の1がこの地域で発生している。その中国を上回って、最も多くの戦死者が発生したのがフィリピンだった。その数は49万８６００名で、大半は昭和

地域別陸海軍人戦没者数（厚生省援護局1964年調査より集計）

地域	終戦時現存者数	戦没者数
日本本土	4,335,500	103,900
小笠原諸島	23,600	15,200
沖縄	52,100	89,400
仏領インドシナ	98,200	12,400
タイ	107,500	7,000
マレー・シンガポール	134,700	11,400
ビルマ（含むインド）	82,800	166,900
インドネシア	257,500	90,600
フィリピン	127,200	498,600
中部太平洋	106,900	247,200
南太平洋地域（東部ニューギニア、ビスマルク、ソロモン）	155,300	246,300
朝鮮	335,900	26,500
旧満州	665,500	46,700
中国本土	1,124,900	455,700
台湾	190,500	39,100
樺太・千島	91,000	11,400
ソ連	0	52,700
合計	7,889,100	2,121,000

19年（1944）10月にアメリカ軍の上陸作戦が始まってから発生したもの。10ヶ月程度の戦闘で、8年間にもなる日中戦争よりも多くの戦死者が発生しているのだ。太平洋戦争末期の戦場の過酷さが察せられる。

この他に戦死者の数の多さが目についたのが、補給を無視した無謀なインパール作戦がおこなわれたビルマ（含むインド）の16万4500名、補給が途絶えて大量の餓死者や病死者が発生した東部ニューギニアの12万7600名。戦闘による死傷者よりも、食料や医薬品不足による餓死者や病死者のほうが多かった。兵站能力の限界を無視して戦域を拡大した無謀が招いた悲劇だった。また、無意味な総突撃で守備隊の全滅が相次いだ中部太平洋地域でも24万7200名という戦死者が発生している。日本軍の人命軽視の傾向が目立つ戦域だった。

「生きて虜囚《りょしゅう》の辱めを受けず」

昭和16年（1941）、兵士たちの行動規範として公布された『戦陣訓』の有名な一説では、降伏して捕虜になることは恥としていた。指揮官や兵士たちはこの呪縛に囚われ、絶望的な戦場でも降伏することを許されず突撃して死んでいった。兵士には『戦陣訓』よりも、ハーグ陸戦条約で規定された捕虜の権利を教えるべきだったのでは？　死ぬ必要のない多くの命が救われたはずだ。

大きな戦闘が発生していない蘭印（インドネシア）地域では、大兵力が展開していたわりには戦死者約9万名と比較的少ない。ビルマ戦線の後方支援基地だったタイはさらに少なく戦死者7000名、仏印（ベトナム）は1万2400名となっている。

日本兵たちの間では、

「ジャワの極楽、ビルマの地獄、死んでも帰れぬニューギニア」

という言葉が流行った。それほど、地域による戦死率には極端な差がある。

また、意外なことに日本本土でも、天国だった仏印やタイを上回る1万3900名の戦死者をだしている。これは戦争末期の本土空襲が大きな要因。泊地で動けずにいる艦艇や国内各地の基地が敵機に空襲され、これによって多くの死傷者が発生した。

空襲によって本土でも30万人が犠牲に…

過去の戦争とは違って、日本本土も「安全な後方」ではなかった。最前線にいるよりはマシだが、命の危険は多分にある。マリアナ諸島陥落後は日本本土空襲が本格化。一般民間人も無差別爆撃の標的となり、大量の死傷者が発生した。被害総合報告書が公表された昭和24年時点では、空襲による一般人の死者が29万7746人、行方不明者2万3946人、重軽傷者31万2337人となっている。

東京都の死亡者は9万7031人で、全体の32・6パーセントにもなる。爆撃がそれだけ東京に集中していたということだ。また、8万6141人が亡くなった広島県がそれに次いで多く、空襲による死亡の28・9パーセント、2万6238人が亡くなった長崎県がそれにつづく。広島県と長崎県の被害者は、東京に次ぐ人口密集地だった大阪府の1万1089人

空襲による都道府県別死亡者数（『太平洋戦争による我国の被害総合報告』より）

地域	死亡者数	地域	死亡者数	地域	死亡者数
北海道	448	石川	0	岡山	1,782
青森	931	福井	1,758	広島	86,141
岩手	120	山梨	1,027	山口	2,554
宮城	1,170	長野	29	徳島	578
秋田	73	岐阜	1,377	香川	927
山形	16	静岡	6,223	愛媛	1,346
福島	770	愛知	11,324	高知	647
茨城	2,327	三重	3,600	福岡	4,623
栃木	543	滋賀	101	佐賀	225
群馬	1,109	京都	111	長崎	26,238
埼玉	713	大阪	11,089	熊本	1,000
千葉	1,691	兵庫	11,246	大分	550
東京	97,031	奈良	68	宮崎	708
神奈川	6,637	和歌山	1,796	鹿児島	3,719
新潟	1,188	鳥取	0		
富山	2,174	島根	18	合計	297,746

参考　沖縄戦の住民被害に関しては9万4000人とされる（沖縄県擁護局の調査、1950年）

を遥かに上回る。人口比例で見れば、広島と長崎両県の死亡者数は異常に多い。

理由は原爆投下である。広島では昭和20年（１９４５）12月までに、大量の放射線を浴びたことが原因で約14万人が亡くなったと推計されている。それも空襲による死者に含めると、東京都の死者数を超えてしまう。広島と長崎に投下された原爆の威力が、日本にポツダム宣言受諾を決断させたひとつの要因だといわれる。たしかに、この数字を見るとそれも理解る。

一般国民の被害は空襲だけではない。戦争末期には、日本沿岸の制海権も危うくなっていた。終戦の1ヶ月ほど前には釜石、室蘭、日立、浜松など太平洋沿岸の都市が相次いで連合国軍艦艇の砲撃を受けている。艦砲射撃には米英の戦艦が加わって、大口径の主砲弾が撃ち込まれているだけに、その威力は凄まじいものだった。この艦砲射撃によって３２８２人が亡くなり、１０００人以上が負傷している。

さらに地上戦がおこなわれた沖縄では、民間人約９万４０００人が死亡したと推計される。サイパン島でも、住民約1万人が犠牲になった。この他にも太平洋の島々や満州など、外地では多くの民間人が地上の戦闘に巻き込まれて死傷している。

終戦後も人々は、命の危険に晒されつづける

また、日本国外で戦争によって死亡した一般邦人は、約30万人と推測される。ポツダム宣言受諾後、日本内地に住む人々は空襲の恐怖から解放された。しかし、国外在住の日本人は、終戦後も命の危険に脅かされた。大陸の奥地に住んでいた者は、引揚げの際に戦時以上に危険な状況におかれていた。

太平洋戦争開戦直前の人口統計を見れば、朝鮮半島には75万２８２５人、台湾

漁船に乗り、朝鮮半島から引揚げてきた人たち（『敗戦国ニッポンの記録』より）

34万8962人、南樺太39万8114人、南洋群島7万1845人など、旧植民地には多くの日本人が暮らしていた。また、満州国建国後は新天地を求めて移住する日本人が激増し、終戦時の日本人人口は約150万人といわれる。この他にも、戦争で占領した中国各地や東南アジアにも多くの日本人が住んでいた。終戦により、これらの外地在住者は日本へ引揚げることになったが、軍人をあわせるとその総数は約625万人にもなる。

引揚げ作業は困難を極めた。充分な保護を与えられず、略奪や病に見舞われて命を落とす……外地における一般国民の死亡者30万人は、終戦後の引揚げの旅の道中に発

戦後引揚者数の推移（厚生省発表）

年　次	引揚者数
昭和21年まで	5,096,323
22年	743,757
23年	303,624
24年	97,844
25年	8,360
26年	802
27年	729
28年	27,205
29年	1,703
30年	2,182
31年	2,755
32年	303
33年	2,710
34年	146

生したものが多い。

厚生省援護局の統計によれば、昭和20年（1945）10月から昭和21年（1946）12月までの間に、外地から帰国した日本人は509万6323人になる。毎月60万人を超える人々が引揚げてきたという。

食糧不足で飢餓が蔓延していた頃、不衛生な環境で伝染病を患う者も多かった。薬剤も不足していた。このため適切な治療をおこなえば助かった命も多く失われている。また、冬場には凍死者も珍しくない。大量の帰国者が加わったことで、状況はいっそう深刻なものになる。着の身着のままで家を追われた引揚者にも、食糧難や病気に苦しんで帰国後に亡くなった者は多い。それまで含めれば戦争犠牲者の数はさらに増えただろう。

朝鮮戦争特需によって日本経済が戦前を超えるレベルにまで発展した昭和28年（1953）になっても、年間の引揚者は2万7205人を数えた。また、昭和31年（1956）になっても、2755人の引揚者がいた。この年の経済白書には「もはや戦後

シベリア抑留中死亡者（厚生労働省発表）

	人　数
旧ソ連地域に抑留された者	約575,000人
現在までに帰還した者	約473,000人
死亡と認められる者	約55,000人
病弱のために入ソ後、旧満州や北朝鮮に送られた者	約47,000人

ではない」と記述され、それが流行語になった。しかし、まだ「戦後」を迎えていない者たちが、外地には相当数存在していたということだ。引揚者数の統計調査は昭和34年（１９５９）までおこなわれ、この年で引揚げ事業は一応の終了となる。この時点で、終戦時からの引揚者は６２８万８４４３人を数えていた。

引揚者の大部分は、昭和25年（１９５０）までに帰国を果たしている。それ以降に帰国した者の大半は、シベリアに抑留され強制労働に従事させられた軍人・軍属だった。満州、樺太などに駐留していた日本兵や軍属は、ソ連軍によって武装解除されてシベリアなどソ連領内の各地に移送された。厚生省によれば、その数は約57万５０００名になるという。

第二次世界大戦で大量の人的被害のでたソ連では、労働力が不足して戦後復興が遅れていた。そのため、日本軍捕虜を鉄道工事などに従事させることに。捕虜の大半は防寒服を所持していない。なかには夏服で厳寒のシベリアに連れて来られた者もいる。食料も満足に与えられずに重労働を強いられた。戦場よりも過酷な状況のなかで、約5万5000名が死亡したと推定されている。

昭和21年（1946）12月になって、やっとソ連との交渉が成立して捕虜の解放が始まった。その帰国事業が完了するのは、終戦から10年以上が過ぎた昭和31年のことである。現在までに日本へ帰還した者は約47万3000名。抑留中に餓死や凍死した者、また、そのままソ連領内に定住した者など、約10万名の旧日本兵がいまだ帰国していない。

莫大な費用をかけた軍備はすべて戦争の損益となった

戦争末期の空襲や艦砲射撃は、多くの人命を奪うとともに多大な物的被害をもたらした。アメリカは昭和19年（1944）11月から、日本本土への戦略爆撃を本格化させる。当初は爆撃目標を工業地帯や港湾施設などに限っていたが、翌年になると日本人の戦意を挫くための心理的効果を狙って、市街地への無差別爆撃が実施された。

アメリカ軍による爆撃は終戦の当日までつづき、全国400以上の市町村に爆弾や焼夷弾が投下された。結果、東京や大阪、名古屋といった大都市は焼け野原となり、大半の地方都

太平洋戦争の物的被害（『太平洋戦争による我国の被害総合報告書』より）

	総　額	直接被害	間接被害
国富被害総額	653億円	497億円	156億円
資産的一般国富被害額	643億円	487億円	156億円
その他国富被害額	10億円	10億円	…
被害率	25%	19%	6%
人口１人あたり	814円	619円	195円
艦艇及航空機被害額	404億円	339億円	65億円
物的被害総額	1057億円	836億円	221億円
終戦時残存資産総額			1889億円

市にも甚大な被害が発生している。『太平洋戦争による我国の被害総合報告書』によれば、国民全体が保有する正味資産である「資産的一般国富」の被害総額は、終戦時の貨幣価値で６５３億円。ＧＤＰ比で試算すると現代の貨幣価値は昭和20年の約５００倍とされているから、32兆６５００億円ということになる。また、終戦時の国内残存資産は１８８９億円とされ、戦争によって約25パーセントの資産が失われた計算になる。

また、報告書では、陸海軍が保有していた艦艇や航空機などの被害額については一般の資産と分けて計算されている。戦争に敗れて武装解除させられたことで、兵器としての価値は喪失する。そのため終戦時に残存していた兵器もすべて「間接被害」として計上している。この間接被害と戦闘などで喪失し

太平洋戦争の艦艇及び航空機被害

	被害総計		直接被害		間接被害	
	金　額	被害率	金額	被害率	金　額	被害率
被害総額	40,382	100.0	33,856	83.8	6,526	16.2
艦　艇	18,756	100.0	15,089	80.4	3,667	19.6
航空機	21,626	100.0	18,767	86.8	2,859	13.2

（『太平洋戦争による我国の被害総合報告書』より）　（金額：百万円　比率：%）

た直接被害を足した数字が、403億8200万円となっている。戦争による物的損害の約4割が、艦艇と航空機で占められるということだ。日本が有するすべての資産を合計しても、その2割という数字になる。この数字からも、軍事費に多大な国家予算が注ぎ込まれていたことがよく分かる。

まずは海軍が保有していた艦艇の被害額から見てみよう。戦前から最も多くの軍事費が使われ、太平洋戦争開戦前にはアメリカやイギリスと並ぶ世界の3大海軍と呼ばれる大艦隊が整備されていた。しかし、終戦時にはアメリカ軍との戦いで大半の主要艦艇を沈められ、かつての威光は見る影もない。戦没艦の損害額は、150億8900万円にもなる。

また、間接被害として計上された残存艦艇は金額にして36億6700万円と評価され、これを合計した187億5600万円が艦艇の総被害額となっている。残存艦艇の占める割合は20パーセント程度にしかならない。建造費が高くなる戦艦や巡洋艦、航

太平洋戦争の艦艇の直接被害内訳

	被害額		終戦時残存額	以上合計額
	金額	被害率		
総額	15,089	80.4	3,667	18,756
軍艦	8,285	89.1	1,009	9,294
戦艦	2,719	92.0	237	2,956
航空母艦	2,918	90.6	303	3,221
巡洋艦	2,292	86.9	346	2,638
水上機母艦	135	91.8	12	147
潜水母艦	27	57.4	20	47
敷設艦	155	75.6	50	205
砲艦	39	48.8	41	80
その他艦艇	6,804	71.9	2,658	9,462
駆逐艦	2,170	81.2	503	2,673
潜水艦	2,403	74.6	820	3,223
海防艦	515	49.1	533	1,048
その他	1,716	68.1	802	2,518

(『太平洋戦争による我国の被害総合報告書』より)　(金額:百万円　比率:%)

空母艦などは大半が海戦で戦没したことが、直接被害を増やしたひとつの要因と考えられる。直接被害額の55パーセントはこれらの主要艦艇で、安価な戦時急増型の小型駆逐艦は比較的多くが生き残り、額は低く抑えられている。

艦種別の直接被害額では、戦艦の29億5600万円という数字が目立つ。間接被害となる残存艦の評価額は2億3700万円と少ない。開戦時の日本海軍は12隻の戦艦を保有していたが、終戦まで沈没を免れたのは戦艦『長門』『榛名』『伊勢』『日向』の4隻のみ。

しかも『榛名』『伊勢』『日向』の3隻は泊地で空襲を受け、大破着底した状態だった。水深の浅い泊地でなければ、確実に沈没していただろう。終戦まで航行可能な状態で生き残っていたのは『長門』が唯一だった。

戦艦『長門』は大正9年（1920）の竣工で、建造費は当時の金額で4390万円になる。昭和20年頃の貨幣価値は大正時代中期のほぼ2倍とされているから、新造艦の状態なら8780万円といったところか。また、他の3隻の戦艦も大正時代初期の建造で、建造費は当時の価格で3000万円前後だという。ワシントン海軍軍縮条約締結後、各戦艦は多額の費用をかけて近代改装を幾度もおこないながら延命されてきた。建造費に改装費用をくわえた金額は、4隻合計して3億円を遥かに超えるのだが、なにしろ四半世紀が過ぎている老朽艦。また、酷く破壊されてもいる。当然、価値は下がる。艦体の経年劣化や浮揚修理費用など考慮して、この評価額が割りだされたようだ。

戦艦以上に直接被害の割合が高かったのが空母である。残存艦艇の評価額3億3000万円に対して、戦没艦をまとめた直接被害額は29億1800万円。直接被害額が約90パーセントにもなる。戦前に建造されて真珠湾攻撃にも参加した『赤城』『加賀』などの大型空母は、すべて戦時中の海戦で沈没した。生き残ったのは商船改造型の小型空母、設計を簡素化した

海軍が誇った高速駆逐艦「島風」も米軍の攻撃を受けてレイテ沖に沈んだ

戦時急増型空母など4隻。こちらも戦艦と同様で泊地で空襲を受けており、無傷の艦は見あたらない。

駆逐艦は常に最前線で危険な任務に従事することが多く、小型艦艇ではあるが戦艦や空母などと同様に損耗率の高い艦種だった。日本海軍が保有していた174隻の駆逐艦は、価格にして26億7300万円となる。このうち約8割にあたる133隻が沈められ、直接被害額は21億7000万円。終戦まで生き残った41隻分の価格は5億3000万円と評価される。

同じ小型艦艇でも、商船護衛などの任務に使われた海防艦は半数以上が生き残っている。戦前には北洋漁場の警備を目的に、比較的堅牢な1000トン級の艦が建造されていた。戦時下でシーレーン防衛用にこの艦種が大量に必要となり、小型化された簡素な構造の艦が大量に建造された。そのために建造費が抑えられ

空母「葛城」は戦火を生き永らえ、戦後は復員船として活躍した

たこともあり、172隻を合計しても金額は戦艦の3分の1程度。10億820万円という価格になった。このうち終戦までに100隻が残存し、その価格が5億3300万円となっている。

終戦直後は、外地からの大量の引揚者を運ぶ船舶の手配に苦労した。そのため「間接被害」である旧海軍の残存艦艇は復員輸送船として、引揚者の輸送に使用されている。

なかでも空母は、広い飛行甲板や格納庫を居住スペースに改造して、大量の人数を運ぶことができた。2万トン級の制式空母で唯一生き残った『葛城』は、約5000人以上の収容が可能になっている。1年間で日本と外地を8往復して合計4万939人を輸送し、復員事業に最も貢献した艦となった。が、その働きをお金に換算するのは難しい。

復員事業がひと段落した後、艦艇の大半は廃棄処分となり解体された。また、一部は戦時賠償艦として連合軍諸国に引

太平洋戦争の航空機の直接被害内訳

	直接被害		終戦時残存数	以上合計
	実数	被害率		
金額（百万円）	18,767	86.8%	2,859	21,626
数量（機）	65,588	80.5%	15,886	81,474

（『太平洋戦争による我国の被害総合報告書』より）

き渡されている。たとえば駆逐艦『雪風』は、『丹陽』と名を改めて中華民国海軍の旗艦になっている。国共内戦にも従軍し、評価額以上の働きをした。

しかし、大多数の艦艇は射撃訓練の標的艦として撃沈され、兵装を撤去して雑役船として使われた。兵器本来の目的に使用されることなく、これでは評価額に見合う働きはできない。戦艦『長門』のようにビキニ環礁での水爆実験に使われた艦もある。

また、戦時下で約7万機が生産された航空機は、終戦までにその86・8パーセントが失われた。被害額は187億6700万円。残存した機体は艦艇と同様に間接被害額となり、こちらは28億5900万円、合計すると216億2600万円になる。

終戦時、陸海軍は本土決戦用に約5000機の稼働可能な航空機を温存していたという。昭和20年（1945）に武装解除にあたる連合軍が集計したところによれば、作戦部隊には戦闘機や爆撃機など6150機、他に訓練部隊の練習機などを含めて8920機の健在が確認されている。さらに中国などの外地にも６０００機程度の機体が存在し、実際には1万機以上の機体が残っていた計算になる。

しかし、復員輸送船に使ったり戦時賠償として他国に送られた艦艇とは違って、残存していた航空機に利用価値はない。日本国内の残存機は、約３００機がアメリカに送られて情報収集に使われた他は、すべて解体処分されている。損傷や故障によって稼働できない機体を含めて、その数は1万５８８６機にもなる。

報告書に記された兵器の被害額は艦艇と航空機だけだったが、軍隊は他にも戦車や大砲、小銃など多数の兵器を保有している。終戦時に日本軍は武装解除され、すべての兵器は連合国軍に接収された。昭和21年（１９４６）４月までに連合軍が処分した兵器は歩兵銃１６５万挺、大砲や迫撃砲など5万４５００門、戦車１３２５輌、弾薬80万トンになる。これらの兵器を加えれば、その額はさらに膨れあがるだろう。

船舶の8割を喪失、海運大国は壊滅状態に…

海軍艦艇だけではなく、商船など一般船舶の被害も甚大なものだった。太平洋戦争が始まると多くの大型商船が陸海軍に徴用されて、戦地への兵員・物資の輸送に使われるようになる。また、南方から石油や天然ゴム、鉄鉱石などの資源を輸送するにも船は必要だ。戦場も資源の供給源も、すべて日本本土から海を隔てた場所にある。

船がなければ戦争することができない。それどころか、国民が生活するのに必要不可欠の物資も入ってこなくなる。アメリカは、そんな日本の弱点を徹底して突いてきた。大量の潜水艦を東南アジアや日本近海に送り込んで物資を輸送する商船をつけ狙い、日本のシーレーンを壊滅させることに成功した。

日本と状況がよく似た島国のイギリスは、自分たちの弱点を熟知している。潜水艦対策に費用と時間をかけて優秀な対潜兵器を開発し、戦艦などの主要艦艇まで商船護衛の任務に使うなど、シーレーン防衛には熱心だった。イギリス海軍軍人には、シーレーン防衛こそ最も重要な任務とする考えが浸透していた。狼から羊の群れを守る「勇猛な牧羊犬」であることを誇りと思う者は多い。日本はこのイギリス海軍に学んで近代海軍を創設したのだが……なぜか、師匠のイギリス海軍が最も大切にしてきたこの点が欠落している。上層部は艦隊決戦の研究に明け暮れ、シーレーン防衛など頭にない。実戦部隊の将兵も「商船護衛は腐れ士官の捨てどころ」などと揶揄してこれを軽視する風潮が強かった。

昭和18年（1943）11月に、シーレーン防衛を任務とする海上護衛総隊が創設された。戦争後半になってやっと、海軍もその重要性を悟る……いや、まだ悟り切ってはいなかった。この期に及んでも艦隊決戦に執着して主要艦艇の温存をはかり、海上護衛総隊に配備する艦艇を出し惜しみした。広大な海域を防衛するには足りず、商船への被害は一向に減らない。また、敵がフィリピンに上陸してからは航空攻撃も激しくなって、輸送船団が全滅するような事態が相次いだ。

太平洋戦争開戦時、日本が保有していた船舶は約600万トン。イギリスやアメリカに次ぐ世界第3位の海運国だった。しかし、戦争が始まるとそれでも足りず、簡素な構造の戦時標準船が大量に起工されている。戦時下で約400万トンの船舶が建造され、戦前からの保有船舶を合わせれば約1000万トンにもなる。しかし、終戦時まで生き残ることができたのは、その20パーセント程度。約800万トンにもなる船舶が海の藻屑と消えてしまった。

また、船舶不足を補うために、外洋航海に向かない小型の木造機帆船や漁船も根こそぎ徴用されて、物資輸送や沿岸警備に使われた。これらの小型船舶も敵の潜水艦や航空機の標的となり、多くの被害が発生している。「戦没した船と海員の資料館」（http://www.jsu.or.jp/siryo/）の資料によれば、戦争で失われた官・民一般汽船は3575隻、機帆船2070隻、

太平洋戦争の一般船舶の被害

	被害総計		直接被害		間接被害	
	金　額	被害率	金額	被害率	金　額	被害率
被害総額	7,359	80.6	6,564	71.9	795	8.7

（『太平洋戦争による我国の被害総合報告書』より）　（金額：百万円　比率：%）

漁船1595隻となっている。合計7240隻。世界第3位を誇った海運大国を壊滅させるにも、充分すぎる数字だろう。

『太平洋戦争による我国の被害総合報告書』には、

「今次戦争による船舶の被害は多大で、被害率は有に八割強という高率を示し、その額も七四億円と国富被害中四割を占める高額に上っている。なお、この額は昭和一〇年保有額の二・三倍にも当たる膨大なものである。」

と、ある。報告書をまとめた当時の担当者も、その被害額の多さに驚いたようだ。報告書では開戦前の日本の保有船舶の総額を91億2500万円と見積もっている。そのうち、戦没による直接被害額は65億6400万円。内訳は大型商船が52億3400万円、小型の機帆船や漁船などその他の船舶が13億1700万円、造船所内で修理や建造中に破壊された船も85隻あり、こちらは1300万円となっている。

これら一般船舶にも7億9500万円の間接被害が発生している。これは損傷して廃棄処分となった船、他国に接収された船などを金額にし

太平洋戦争の一般船舶の直接被害内訳

	総計		官有		公有		私有	
	数量	金額	数量	金額	数量	金額	数量	金額
総　　額	15,518	6,564	503	95	246	20	14,769	6,449
私有一般汽船	3,207	5,351	—	—	—	—	3,207	5,351
官有一般船舶	368	83	368	83	—	—	—	—
機　帆　船	2,070	321	—	—	—	—	2,070	321
漁　　船	1,595	568	—	—	—	—	1,595	568
艀（はしけ）	6,731	114	—	—	—	—	6,731	114
各種工事用船	307	29	96	12	210	17	1	0.4
木造その他船舶	214	37	—	—	—	—	214	37
造船所内船舶	85	13	—	—	—	—	85	13
そ　の　他	941	48	39	0.3	36	3	866	45

（『太平洋戦争による我国の被害総合報告書』より）　（金額：百万円　数量：隻）

て算出したものだろう。直接被害額と合計すると73億5900万円。終戦時残存額は17億6600万円となり、船舶の資産価値は戦前の約19パーセントにまで激減していた。この数字からも、日本の海運が壊滅状態に追い込まれていたのがよく理解る。

船舶の大半を沈められ、日本本土への資源輸送はほぼ停止した。それにくわえて、アメリカ軍は橋梁や鉄道など日本国内の交通インフラも、戦略爆撃の重要目標としていた。主要道路のコンクリート橋から市町村道の簡素な木橋まで含めて、橋梁の損害額は1億100万円。また、鉄道は8億8400万円になる。金額としては船舶よりも格段に少なかった。が、道路や鉄道は1ヶ所でも寸断されると影響は広範囲に及ぶ。被害額としては全体の10パーセント以下ではあるが、国内交通を麻痺させるにはそれでも充分だった。

戦争の長期化により交通インフラのメンテナンスが滞り、くわえて空襲被害。終戦時の輸送能力は著しく低下していた。そのため地方で生産した農産物を市場へ運ぶことができず、都市部の食糧難をさらに深刻化させた。餓死者まで発生した食糧難は、橋梁や鉄路の破壊が大きな要因のひとつとなっている。被害額が少ないからといって軽視できるものではない。

戦争によって徹底的にそがれた生産力

生産設備の被害も大きかった。主要産業の被害率は製紙業など一部を除いて20～50パーセントと、軍隊ならば「部隊壊滅」と判定されるレベル。太平洋岸に設備が集中していた石油精製施設や火力発電所などは、空襲にくわえて戦争末期には艦砲射撃の攻撃にも晒され、とくに大きな被害を被っている。石油精製施設の58パーセント、火力発電所は約30パーセントが破壊された。

これによって昭和18年（1943）には386億2400万kwあった日本の総発電量は、終戦時になると231億8100万kwに低下してしまった。エネルギー供給源である発電所が破壊されたら、兵器や弾薬の製造もできなくなる。日本の継戦能力を断つという目的には、最も適った攻撃目標だった。しかし、すべての産業の動力源である発電設備の再建には時間を要し、それが終戦後の復興を妨げる足枷にもなる。

一方、生産設備の被害もまた甚大。戦争による国内工場の建物被害額を合計すると92億8400万円になる。また、工場には建物以上に高価な機械類が設置されている。戦前は技術後進国だった日本では製造できず、アメリカやドイツから輸入した工作機械類も多い。これらの工業用機械類は総額233億4600万円と評価されているが、その約20パーセントにあたる46億8400万円が戦争で失われた。

また戦時中には、空襲で破壊された工場は女学生まで動員して再建を急ぎ、重要施設を爆撃されにくい内陸へ疎開させるなどの措置がとられた。これらの再建・補修や施設の疎開にかかった費用も間接被害額として計上されている。こちらも工業機械器具だけで33億1000万円にもなるのだが、しかし、その努力は報われなかった。空から大量に降り注ぐ爆弾により、補修が破壊に追いつかない。生産能力は低下の一途を辿る。

太平洋戦争中の工鉱業生産指数　（『昭和財政史』より）

	昭和16	昭和17	昭和18	昭和19	昭和20
総合指数	169.4	142.7	113.5	86.1	28.5
製造工業	171.0	143.3	113.0	85.3	27.9
繊維工業	51.4	31.5	21.7	8.9	6.4
化学工業	124.2	98.8	89.3	56.8	21.2
鉄工業	129.6	131.2	133.7	97.9	17.3
機械工業	522.8	440.2	307.4	257.7	76.3
窯業	90.7	73.3	65.1	45.5	15.7
製造食品工業	112.7	105.9	93.9	75.3	59.8
陸海軍兵器	1,240	1,355	1,805	2,316	556
鉱業	132.0	128.3	124.8	105.8	43.7
非鉄金属	132.7	129.5	114.6	88.5	23.3
原油	90.2	76.7	81.6	74.7	68.2
石炭	133.6	130.2	133.5	118.6	53.7
電力	138.8	137.3	142.3	135.2	81.9
ガス	154.2	158.6	152.4	67.1	48.4
消費財	71.6	53.0	42.8	30.7	20.8
生産財	187.4	167.8	151.4	119.5	29.2

備考　一般工鉱業生産指数は昭和10～12年＝100　陸海軍兵器生産指数は昭和10年＝100

終戦時、国内産業界の設備能力は日中戦争勃発時の昭和12年（1937）の半分以下に減少していた。また、電力不足により機械が稼働できず、船舶や鉄道の輸送力が低下して原材料を工場に運び込むこともできない。このため、生き残った設備もフル稼働できない状況。生産能力はさらに低下する。

軍隊では30～50パーセントの機能を失えば「壊滅」と判定されるが、日本の全産業もまさしくそんな状態だった。

「建物疎開」によって、建造物の被害額はさらに増える

昭和20年（1945）になると、アメリカ軍の戦略爆撃は工場などの生産設備や交通インフラにくわえて、住宅地にまで攻撃対象を広げてゆく。しかも、燃えやすい木造建築が密集する日本の住宅を「効率的に焼き払う」ことを目的に、ゲル状の油脂を詰めた筒状の小爆弾38発を束ねたM69焼夷弾が大量投下されている。焼夷弾は高度700メートルで分解して、広範囲に拡散した小爆弾が爆発する仕組みになっている。火の着いた油脂が屋根や壁に張り付いて燃えあがり、水をかけたくらいでは鎮火しない。そこにあるものをすべて焼き尽くすまで燃えつづける。

3月10日の東京大空襲では、最も多くの人口が密集する隅田川沿いの下町地域が狙われた。アメリカ軍の資料によれば「住宅地への爆撃は住民を厭戦気分に追い込み、日本人の士気を萎えさせる多大な効果が期待できる」と、ある。その効果を狙ってこの後も市街地への焼夷弾攻撃が繰り返され、日本各地の都市は焦土と化した。戦争末期の都市爆撃についてよく「無差別爆撃」という言葉が使われるのだが、アメリカ軍は無差別に爆撃をおこなったわけではない。焼夷弾は燃えやすい住宅密集地を狙って投下され、日本の住宅地を

昭和 20 年 3 月 10 日未明の空襲後の浅草松屋屋上から見た仲見世とその周辺

燃やし尽くすという、明確な目的のうえに実行されている。日本にあるすべての建造物は904億2500万円と査定され、終戦時にはそのうち682億1500万円分が残存していた。222億1000万円が戦火によって失われたということ。戦争被害の3分の1にもなる。そのうち個人所有の住宅や店舗、住戸兼用の小さな町工場など一般建造物の被害額は173億円となり、建物被害全体の78パーセントを占めている。戦争末期の空襲が「無差別爆撃」ではなく人々が暮らす一般住宅に狙いを定めていたことは、この数字からも察することができる。

空襲によって燃やされた一般建造物は、住家が61億1600万円、店舗41億7500万円、工場や事務所が22億9500万円となっている。また、建物の被害額は、その修理費用や防火対策で取り壊された建物の評価額などを含む間接被害の割合が高いのも特徴。とくに住宅密集地帯の木造住宅は危険な可燃物であり、都市部では「建物疎開」と呼ばれる撤去作業が積極的にすすめられた。日中戦争が始まった昭和12年（1937）に制定された防空法は、戦時下で幾度か改正される。これによって軍司令官が必要を認めれば、有無を言わせず既存の建造物を破壊する「建物疎開」を実施して、防火帯となる「防空空地」を造成できるようになった。法を整備し、地域や職場には消防訓練の実施を奨励した。アメリカと戦争になれば日本本土が爆撃されることは、早い段階から予測されていたようである。

昭和19年（1944）1月、マリアナ諸島にアメリカ軍が侵攻する半年前から東京では建物疎開が始まり、終戦まで大規模な疎開を6回も実施している。また、昭和20年（1945）には大阪、京都、広島などの各都市でも、これがさかんにおこなわれるようになる。建物疎開が完了せぬ間に空襲で燃えた地域もあり、

「建物疎開が早いか、敵の空襲が早いか」

当時はそんな言葉も流行っていた。誰もが空襲は恐ろしい。防空のためと言われたら、退去を渋ることはできない。敵の爆撃機がいつ飛来してくるのかわからない状況なのだ。退去

を拒んで無駄に時間を使えば、それだけ地域住民の命を危険に晒すことになる。退去命令が下れば誰もが異を唱えることなく家屋から立ち退き、防火帯の構築が急ピッチで進んだ。

内務省国土局計画課がまとめた「建物疎開状況調査」によれば、終戦までに取り壊された建物は全国で約61万戸にもなるという。1年に満たない期間で、これほどの数の家屋が撤去できたことに驚く。平時であれば、数メートルの道路を拡張するにも住民の了解を取り付けるまで10年、20年といった年月を要することはざらだ。善し悪しは別にして、戦時というのは不可能が可能となってしまうことが多々ある。

建物疎開で取り壊された建物の大半が木造住宅だったこともあり、労働力は学生たちの勤労奉仕でも事足りた。「奉仕」なだけに賃金は支払われず、その分は間接被害額を軽減できる。一方、取り壊された家屋の持主には補償金が支払われている。さすがに、戦時といえども金を払わず家屋や土地を奪うことはできない。この時に支払われる補償金や移転費用も、戦争の間接被害ということになる。

その金額についてだが、昭和20年（１９４５）3月に東京では第6次建物疎開を実施するにあたり、財源として追加予算19億６５７３億円が議決されている。大半は戸主への補償費や移転費用にあてられた。補償費の相場は1坪あたり3円程度、別途に移転費用が支給される場合もある。しかし、この補償額については、建物疎開がおこなわれた時期や自治体によって違う。実例のひとつとして、平成17年（２００５）11月27日の神奈川新聞に、戦時中に横浜市保土ヶ谷区の自宅を建物疎開で取り壊された人の話が載っていた。当時発行された「補償料支払通知」の写真も掲載されており、そこには「一般補償費３８５円」と書いてある。当時の大企業勤務のサラリーマンなら月収の３～４ヶ月分、職人や工員などの庶民だと７～８ヶ月分の月収に相当する。しかし、家一軒建てようとすれば、一般的な住宅でも建築費１０００円以上はかかる。補償金額に不満のあった者は多かったはず。

だが、不満はあったにしても補償金を支給され、家財を持ちだせた人はまだマシだろう。空襲で焼失した住宅は約１７０万戸といわれ、建物疎開で取り壊された家の3倍近い数になる。罹災人口は約９７０万人、国民の13パーセントが家を失った。失ったのは家だけではない。爆弾が雨霰と降る中、家を焼かれ命からがら防空壕に逃げ込んだ人々は、大切な家財道具もすべて失った。ちなみに空襲によって焼失した家具・家財は98億５８００万円にもなり、日本人が所有していた家具類の約20パーセントに相当する。家も家財も失って焼けだされた人々の多くが、着の身着のままで野宿する。戦争末期や終戦直後の頃には、そんな光景も珍しくはなかった。

【第三章】敗戦で失った植民地と占領地

敗戦によって半減した日本の領土

昭和20年（1945）7月26日、連合国首脳がベルリン近郊のポツダムに集まり、第二次世界大戦の戦後処理と日本への降伏勧告について話し合った。この時にまとめられた「日本への降伏要求の最終宣言」が、いわゆるポツダム宣言と呼ばれるもの。8月14日に日本がこれを受諾したことで、戦争は終わった。宣言には「軍国主義の除去」「戦争犯罪人の処罰」「再軍備の禁止」など13箇条からなる連合国側からの要求があり、そのなかには、「日本國ノ主權ハ本州、北海道、九州及四國竝ニ吾等ノ決定スル諸小島ニ局限セラルベシ」と、日本の領土に関しても明記されている。受諾した限りは、これに無条件で従わねばならない。日本は日清戦争や日露戦争で獲得したすべての植民地を失うことになった。

現在の日本の面積は37万7900平方㎞。戦前の大日本帝国の時には67万5100平方㎞だから、戦争によって領土はほぼ半減。また、傀儡国家として成立させた満州国や中国、東南アジアなどの占領地まで含めると、負け戦で失われた版図はさらに広大なものになる。

第二次世界大戦後、戦勝国の植民地も多くが独立した。しかし、独立を承認した際には多

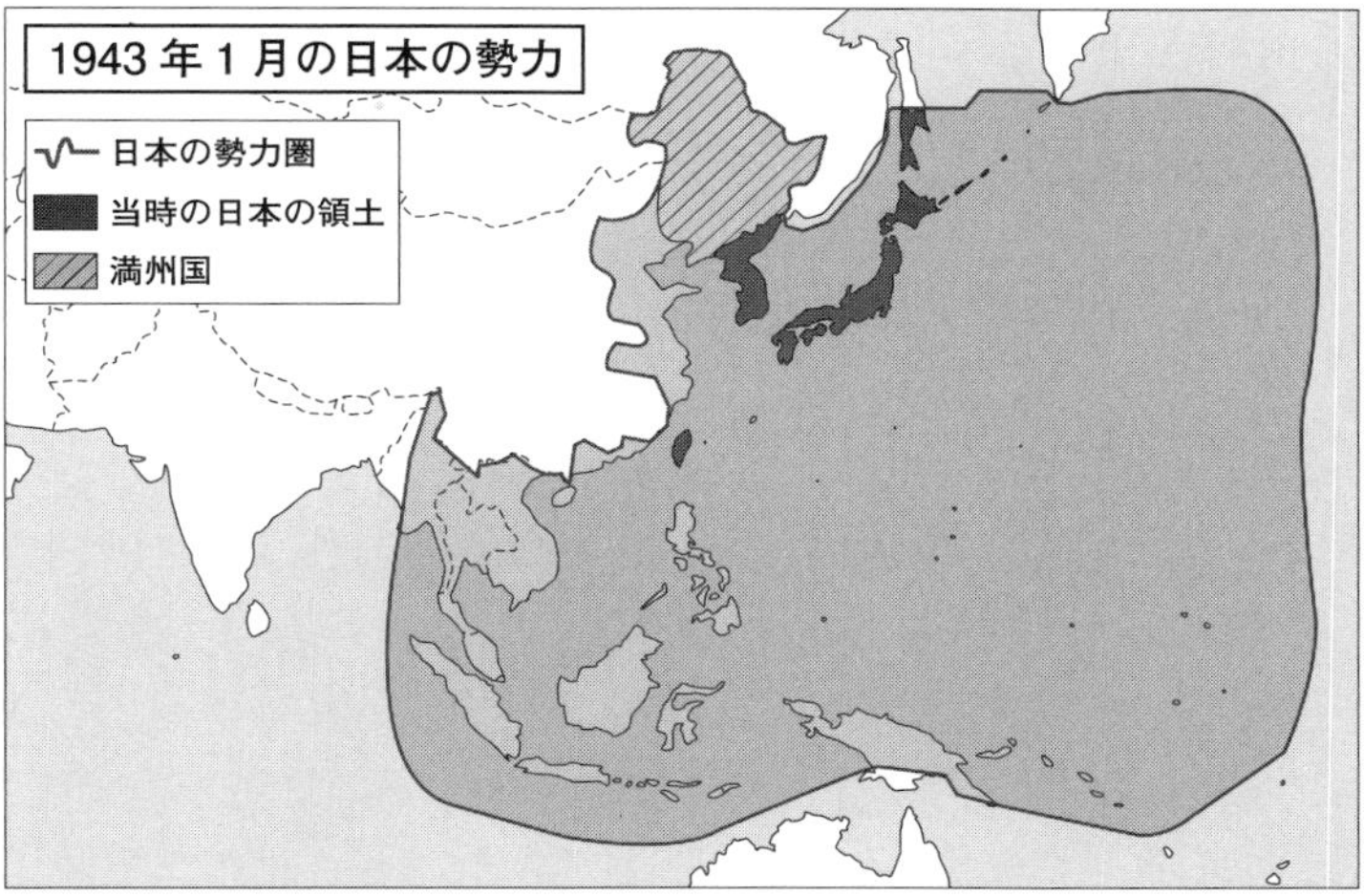

昭和18年（1943）の日本の領土と勢力圏。敗戦によって日本はすべての植民地を失った。

くの宗主国が、投資した資金を回収する手立てを講じている。また、植民地に在住していた自国企業や国民の個人資産が、奪われることもなかった。

日本が戦争に負けていなかったとしても、植民地の独立は避けられなかったかもしれない。しかし、戦争がなければ……それはもっと、時間をかけて緩やかな経過を辿ったはず。権益を保全し投資を回収する画策もできただろう。また、植民地に居留していた日本人も、貯蓄を引き下ろし不動産や家財を売却して、財産を持ち帰れたはず。

敗戦国にはそれが許されなかった。日本政府や企業、植民地に在住した日本人たちの資産はすべて奪われてしまった。その損失はど

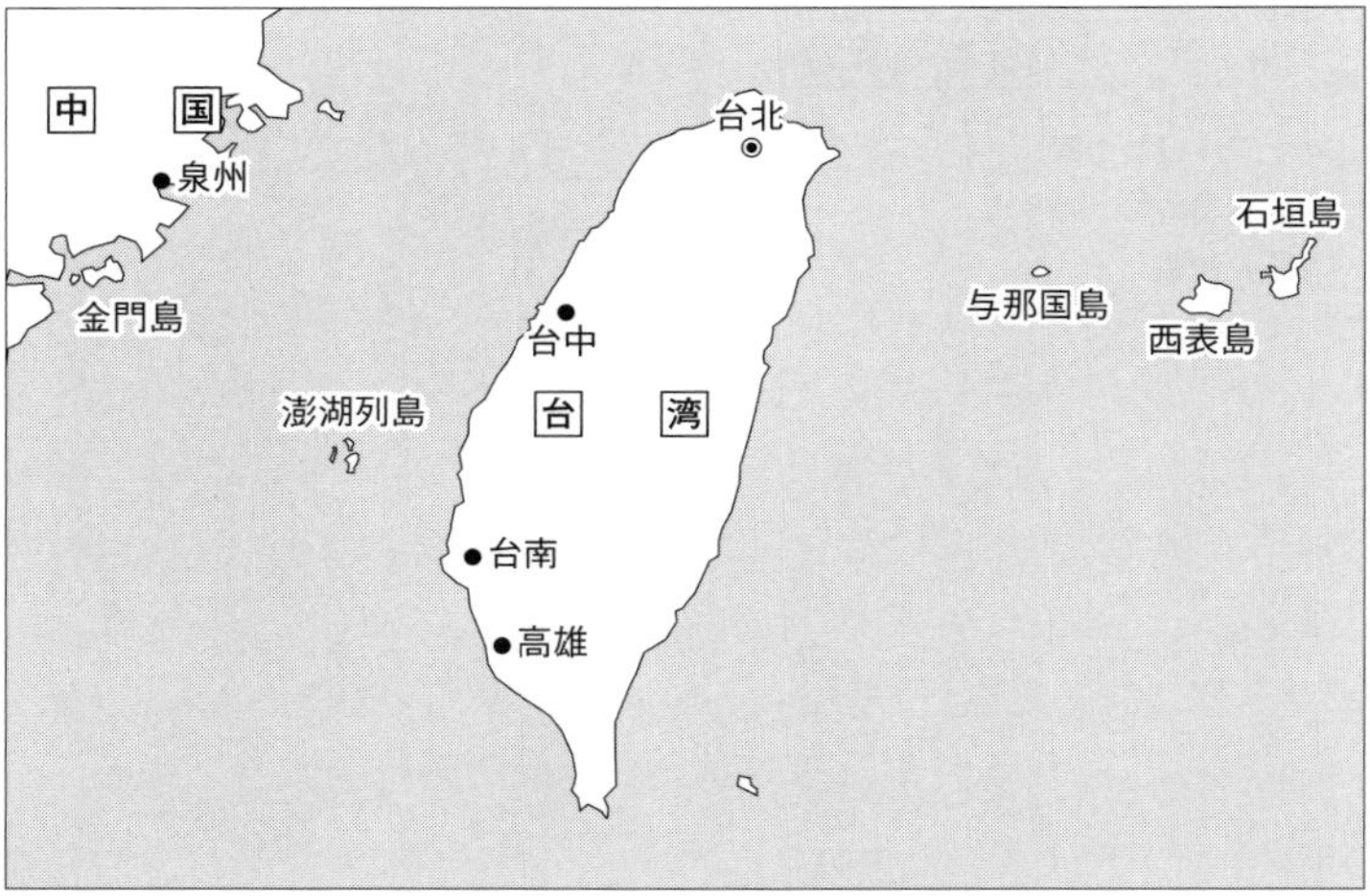

台湾の全景

れほどのものだったろうか？

初の植民地台湾は、不良債権扱いされていた!?

まずは台湾から見てみよう。明治28年（1895）4月17日に調印した下関条約により台湾と澎湖《ほうこ》列島、遼東《りゃおとん》半島を割譲され、日本の植民地経営は始まる。

しかし、当時の台湾は法の支配が及ばない未開の地だった。明治7年（1874）に沖縄・宮古島島民が海難事故で台湾東南海岸に漂着して原住民に殺害される事件が起きた時、日本政府は清国政府に抗議したが、「台湾は化外の地（統治の及ばない地）」

日本に併合されたころの台湾・内陸部（『台湾写真帖』）

清政府はこのように返答している。台湾は法の支配が行き届いていない地域なので、こちらに責任はないと謝罪を拒んだのである。

台湾西部の海岸には、大陸から移住してきた開拓民集落が点在して農業がおこなわれていた。しかし、内陸部や南部や東部の海岸など、大半の領域は踏み入ることのできない危険地帯だった。広大な密林や山岳地が広がり、危険なマラリア蚊や毒蛇が多く棲息している。それ以上に危険なのが、他民族の侵入者を敵視する原住民。宮古島島民も彼らの支配領域に入ってしまったがために、首を狩られて殺害された。その実情は清国政府が言う通り〝化外の地〟だったのである。

日本に割譲された当時も台湾の状況は変わ

らない。また、西部沿岸に居住していた開拓民の漢民族も、日本の統治を拒んで武装蜂起して、全島が危険地帯となっていた。日本軍は鎮圧のために約半年に及ぶ掃討戦をおこなわねばならず、この戦いで戦死・戦病死は４５００人に及んだ。反乱収束後も軍隊が駐留して治安維持にあたったが、狭小な耕作地から得られる歳入はわずかなもので、軍隊の駐留費にも足りない。

台湾総督には陸海軍の軍人が就任し、初期の統治は軍政によっておこなわれた。このため税収不足は、軍事費の中から約７００万円を捻出して補填している。

やがて台湾の統治は、台湾総督府による民政に移行する。明治30年（１８９７）には台湾総督府特別会計法が帝国議会で可決され、不足分の経費は一般会計から補充されることになった。この年も、統治費用の不足分５９６万円が総督府に与えられている。

台湾総督府の税収を増やして財政的独立を果たすためには、台湾を未開地から産業の根付く文明の地に変えねばならない。そのためには、鉄道網や道路、港湾など大規模なインフラ整備をする必要があった。政府はこれを20カ年計画で達成する予算案を立てたが、そのために総額６０００万円の費用が必要になる。明治30年度の国家予算が約２億２０００万円だったことから考えれば、荷が重い負担だった。治安情勢も不安定な未開地に、それだけの投資

明治時代終わりごろの台北市街の様子

に見合う利潤が得られるのだろうか。と、政府内にもこれを疑問視する声は多かった。

「不良債権を引き受けた」

と、植民地の存在を負担と感じるようになる。

製糖業の発展で、台湾は黒字経営になる

しかし、その後の植民地・台湾の経営は良い意味で予想外だった。明治37年（１９０４）には台湾地租規則を制定して毎年３００万円の地租が確保されるようになり、農地開発が進むにつれて税収はさらに増えつづける。また、総督府では塩や砂糖、樟脳《しょうのう》などを専売品にして、その生産を奨励した。クスノキの葉や枝を原料

とする樟脳は、薬剤として世界中から需要があり利益率も高い。大規模なプランテーションを次々に作り、台湾は世界最大の産地に急成長して莫大な利益を生むようになった。

また、樟脳とならぶ台湾の2大輸出品が砂糖である。台湾では清朝時代からサトウキビ栽培がおこなわれるようになり、年間5万トン程度の砂糖が生産されていた。総督府の熱心な振興策により生産量は大幅に拡大し、大正時代末期頃には約50万トンに達している。これによって、大正4年（1915）になると台湾の貿易収支は黒字に転じた。昭和14年（1939）には、総合収支の黒字累積額は17億円にもなっている。

当時、砂糖の大半を輸入に依存していた日本では、外貨流出の懸念もあり砂糖消費税を課していた。台湾から日本に輸出される砂糖消費税は総督府が徴収し、明治43年度にはこれだけで1023万円の税収を得ている。地租の3倍以上。総督府の財政を支える大きな柱だった。総督府の財政事情が好転した大正3年（1914）になると、台湾産糖類の砂糖消費税も内地の一般会計に移管する措置がとられる。歳入の4・5パーセントを砂糖消費税で占めるようになり、日本政府も台湾の領有に旨味を感じるようになった。

また、かつては輸入に依存していた砂糖が、日本領内で自給できるようになったことも大きい。砂糖価格は安定し、甘い菓子類を庶民も気軽に楽しめるようになった。これも台湾領

台湾に本社を置く明治製糖株式会社所有の台南市の製糖工場（『創立十五年記念写真帖』）

有の大きな恩恵だろうか。

樟脳と砂糖の生産で経済発展を遂げた台湾では、人口も急増してゆく。１８９０年代末に総督府がおこなった戸口調査で２５８万８０００人だった人口が、大正４年（１９１５）の台湾国勢調査実施時には３４８万人に増えた。さらに、１９２０年代には４００万人を突破。昭和15年（１９４０）の台湾国勢調査では５８７万２０００人、昭和18年（１９４３）の戸口調査は６５８万６０００人となっている。

台湾の治安が安定して経済発展を遂げたことで、日本内地からの移民も増えていた。太平洋戦争の頃には39万７０９０人の日本人居住者が確認されている。

戦前の日本は産業人口の約半分を農家が占めて

日本統治時代の台湾の人口推移（1905～1943年）

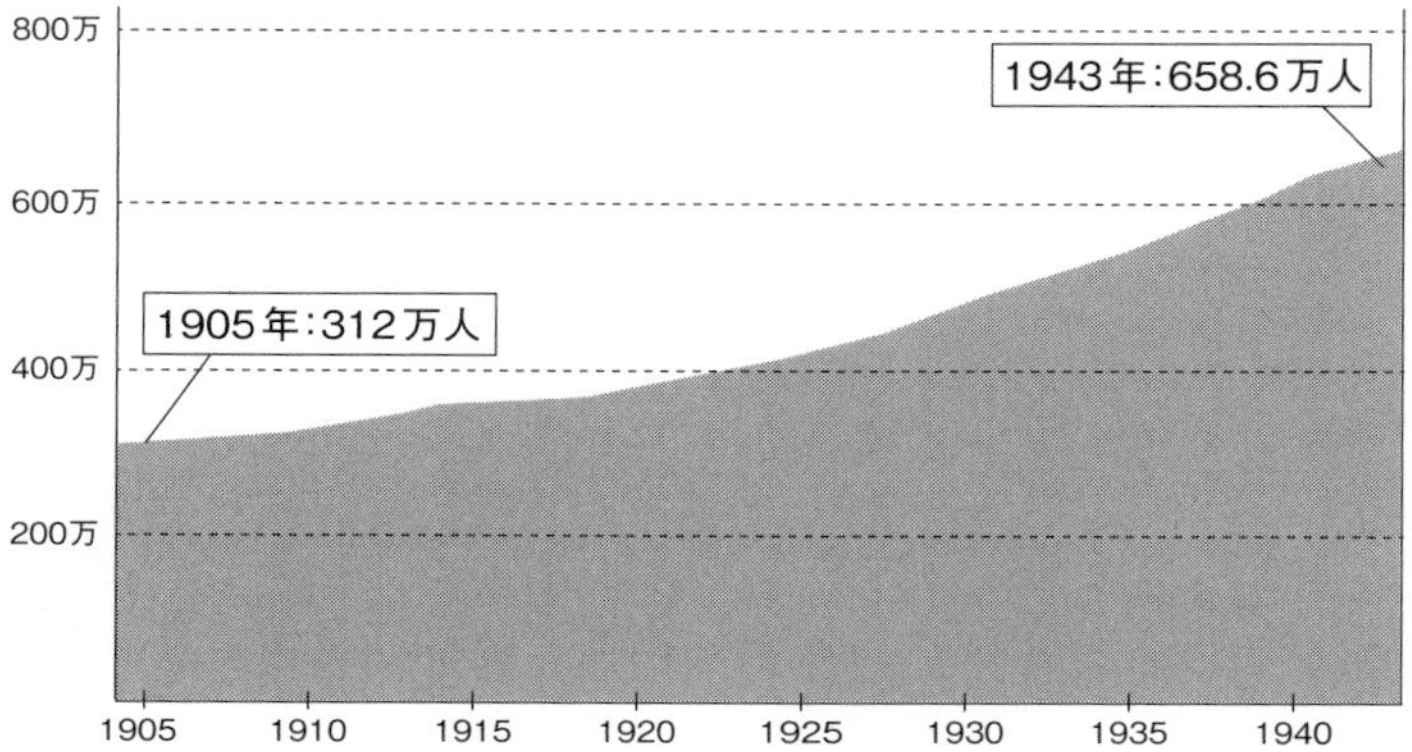

いた。その大半が小規模農家であり、次男坊や三男坊に分け与える農地はない。当時の日本は出生率が高く、増大する人口に対して耕地や雇用が不足していた。政府は耕地不足を解消するために海外移民を奨励したが、それが他国との軋轢を生む。アメリカでは日本人移民を規制する排日法が施行され、これも太平洋戦争を引き起こした一因となっている。国外に移住した日本人は差別や迫害にも苦しんだ。だが、日本の支配下にある台湾は違う。移住した日本人は保護されるどころか、宗主国の国民として現地住民に比べて様々な面で優遇される。そのメリットは計り知れないものがあった。

しかし、敗戦によって台湾の支配権は戦勝国である中華民国に移管されてしまう。終戦直後の飢える日本人が求める農産物が、台湾では豊富に産出さ

台湾の主要商品別輸出構成（1896〜1943年）

年次	砂糖	樟脳	米	茶	バナナ	缶詰（※）	その他
1896	13.4	21.5	8.0	51.4	—	—	5.7
1900	14.8	15.6	15.9	32.3	—	—	21.5
1905	24.2	11.1	24.3	26.1	—	—	14.3
1910	58.8	6.6	11.7	10.7	0.6	0.1	11.6
1915	48.0	6.7	11.0	10.9	0.9	0.2	22.5
1920	65.8	3.5	7.9	3.1	0.8	0.4	18.5
1925	42.4	1.7	27.4	4.5	3.5	0.7	19.9
1930	58.8	1.0	16.0	3.7	3.6	1.5	15.5
1935	43.2	1.3	30.1	2.7	2.9	2.3	17.6
1940	39.3	0.8	15.5	3.7	5.0	2.6	33.0
1943	34.8	0.6	16.8	7.9	1.4	1.3	37.3

（出典：台湾銀行経済研究室『日拠時代台湾経済史』第1冊より）　（単位：%）

※「缶詰」はパイナップルの缶詰

れていた。当時の日本人は血眼になって食物を求めていたが、とくに欲していたのが甘味だったという。これも、台湾を失った影響が多分にある。

戦前に台湾産の砂糖が大量に入るようになってからは、1キロ40銭程度で砂糖が安定供給されていた。もしも、台湾がまだ日本領だったら……と、闇市で1貫目（3・75キロ）1000円の値がつけられた砂糖を眺めながら、そう思う者も多かっただろう。

亜熱帯・熱帯性気候の地である台湾では、砂糖の他にもパイナップルやバナナなど、日本本土で栽培できない農産物が豊富に実っていた。高度経済成長を達成する以前の日本では、これら熱帯の農産物も庶民の口にはなかなか入らない高価な舶来品となり、外貨の流出に神経をとがらせていた時代には輸入量も制限された。これもまた台湾を失ったことにより、日本人が被った不利益だろう。巨額の貿易黒字を生む豊穣の島を失ったことが、戦後の日本人の食生活に多大な影響を及ぼしている。

また、台湾には約40万人にもなる日本人が居住し、１８３３社の法人企業があった。投下されていた資本は６億６８７１万円にもなる。終戦後、台湾からの邦人引揚げは、大陸と比べると混乱も少なく人的被害はほとんどなく完了したという。しかし、残した財産を持ちだすことができなかったのは、朝鮮半島や満州などと同じ。企業や個人が台湾内に所有していた財産は、終戦時の評価額で４２５億４２００円にもなる。

この金額は、終戦の年の昭和20年（１９４５）の貨幣価値で算出されたもの。この年の国家予算は２１５億円だから、喪失額は国家予算の約2倍ということだ。

日本の一部となった朝鮮半島、経済的自立のために多額の資本が投下される

日露戦争の勝利によって朝鮮半島は日本の勢力圏となり、明治43年（１９１０）には「大

昭和 13 年頃の京城（現・ソウル）の賑わい（毎日新聞社『決定版昭和史　別巻 1』より）

韓帝国の一切の統治権を完全かつ永久に日本国皇帝に譲与する」という日韓併合条約が締結される。植民地である台湾とは違って、朝鮮半島は日本の一部として取り込まれることになった。そこに住む人々は内地の住民と同じ「日本国民」ということになる。

琉球王国が統治していた沖縄もまた、明治12年（1879）には同じ手法で日本に併合された。他国でも同じ例はいくつかある。たとえば、アイルランドも植民地ではなく「併合」により大英帝国の一部となっている。しかし、実情は植民地と大差はない。

朝鮮半島が併合される以前から、日本は大韓帝国を保護国として韓国総監府を設置して、大韓帝国政府を監督していた。併合後はこれを大韓帝国政府の組織と統合して、名称も朝鮮総督府と改めている。台湾総督府の場合と同様、朝鮮半島は日本の内政と切り離して総督府が統治した。また、日韓併合の翌年には朝鮮銀行が設立され、独自通貨の朝鮮銀行券を流通させるようになる。朝鮮半島の不安定な経済が日本に波及せぬよう、これも台湾と同じように内地と切り離した経済体制で独立採算をめざしたものである。

しかし、いきなりの経済的自立は難しい。日韓併合の前年、明治42年（1909）の大韓帝国には地租や関税などで1387万6000円の収入があった。それだけでは国家運営ができず、日本からの借入金や公債890万円でこれを補填している。併合以前から、国家予算の約40パーセントを日本に依存していたということだ。

朝鮮半島が台湾のように収益のあがる土地に成長するまでは、日本からの経済支援が必要だった。また、経済的自立を果たすためには鉄道や港湾、道路建設など大規模なインフラ投資をおこなって、効率的な経済活動ができるようにせねばならない。それにも多額の予算が必要となってくる。財源を確保するために朝鮮事業公債法が公布され、朝鮮総督府は55年の期限をもって5600万円の公債を発行するが、その大半は日本内地で購入されている。

日本統治時代の朝鮮の人口推移（1910～1944年）

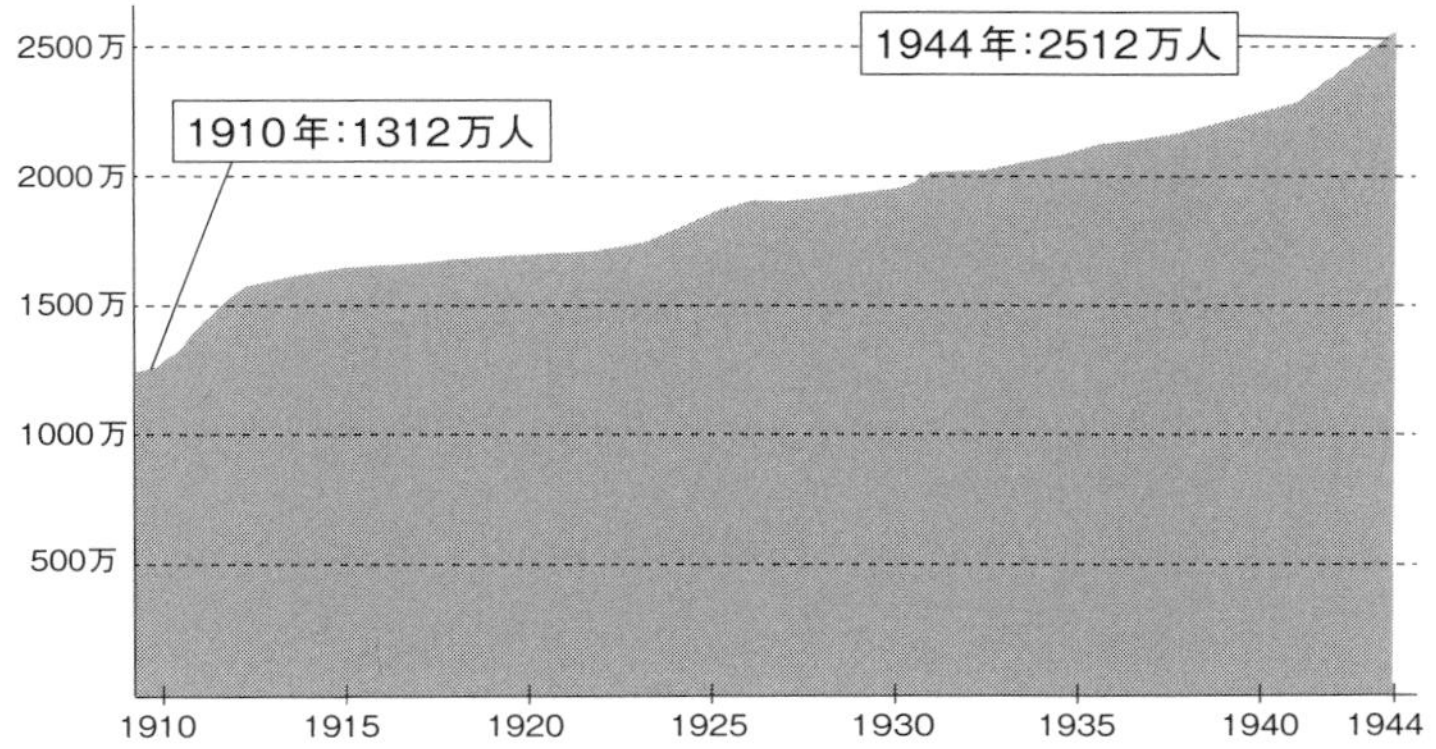

人口は増えるも伸び悩む税収

朝鮮総督府による統治が始まった明治44年（１９１１）には、１２４４万１０００円の税収があった。日本政府としても、しばらくの間は財政支援をつづけねばならないと覚悟はしていた。半島に近代インフラが完成して、産業が発展すれば人口も増える。そうなったあかつきには、総督府の財政も黒字に転じているはずなのだが。

確かに、人口は予想通りに増えた。併合時の朝鮮半島人口は１３１２万人。それが大正９年（１９２０）には１６９１万人、昭和19年（１９４４）になると２５１２万人と、急増と呼んでもいい伸びを示していた。この人口の増加分に比例して、税収も増えるはずなのだが……昭和18

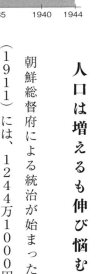

朝鮮総督府の特別会計歳入・歳出の内訳（1931～1945年）

年	歳出	歳入					
		経常収支	臨時収入				歳入総計
			公債	補充金	租税	その他	
1931	207	174	13	15	—	12	214
32	214	176	14	13	—	16	220
33	229	199	25	13	—	14	252
34	268	236	27	13	—	24	300
35	284	262	20	13	1	34	330
36	324	297	26	13	1	47	384
37	407	341	51	13	5	60	470
38	500	410	86	13	15	65	590
39	680	520	134	13	38	94	800
40	832	614	156	13	70	141	995
41	932	673	149	13	48	201	1,085
42	1,156	901	166	13	68	164	1,312
43	1,531	1,253	366	13	76	169	1,878
44	2,441	1,573	654	13	72	129	2,441
45	3,077	1,969	574	13	85	436	3,077

（『朝鮮総督府統計年報』『昭和財政史』より）　（単位：百万円）

年（１９４３）に朝鮮総督府がまとめた議会用資料によれば、当時の朝鮮半島では１人あたりの平均所得が１５８円しかなく、欧米諸国と比べて低所得の日本内地よりもさらに低かった。所得格差は5倍近くになる。

そうなると、いくら人口が増えても徴収できる税金は少ない。住民1人あたりが払う税金は日本内地の約16パーセント程度。それが限界だった。このため太平洋戦争が始まった頃になっても、日本政府は朝鮮総督府には年間１０００～１５００万円の補充金を注入しつづけている。結局、朝鮮総督府の赤字体質が、解消されることはなかった。日韓併合から終戦までの35年間で、日本から朝鮮総督府に与えられた補充金は総額4・4億円に達している。

台湾の場合、日本統治が始まってから10年余りで貿易収支は黒字になった。経済的自立を果たし、砂糖消費税の徴収を日本政府に移管したことで、本国の国庫を潤すようにもなっている。それに比べると、朝鮮半島は植民地として旨味のある場所とはいえない。

赤字体質にも勝る朝鮮半島領有のメリット

朝鮮半島から生まれる利益だけで、統治費用を捻出することは難しかった。台湾の製糖業のような基幹産業が育たず、総督府の赤字体質はいつになっても解消されない。それでも日本は、朝鮮半島の領有で多大なメリットを得ていた。

日本が朝鮮半島を欲したのは、もともとが経済よりも国防上の理由から。この半島を他国に奪われると、喉元に合口《あいくち》を突きつけられたような状況となり危険極まりない。本土防衛のためには、勢力圏内に取り込んでおかねばならない土地だった。また、日露戦争後に列強の一角となった日本は、中国に多くの権益を有するようになる。そうなると、権益保護やさら

朝鮮総督府鉄道の特急「あかつき」。昭和11年（1936）に運行を開始し、京城～釜山間450キロをわずか6時間15分で走破した。（毎日新聞社『決定版昭和史　別巻1』より）

なる進出の足場としても朝鮮半島の必要性が増してくる。

満州国が建国された頃には、朝鮮半島の鉄道網も整備されていた。幅の広い標準軌を採用した鉄路は日本本土に勝る輸送力を有している。釜山や清津《チョンジン》、元山《ウォンサン》などの港を経由して、朝鮮半島に張り巡らされた鉄道を使い多くの人や物資が、日本と満州や華北の地を往来するようになる。朝鮮半島の交通網は、日本本土と大陸を結ぶ大動脈として機能していた。当時「日本の生命線」といわれた満州を維持するうえでも不可欠の存在だった。

また、旨味の少ない朝鮮半島の植民地経営で、鉄道は数少ない〝金を生む木〟でもある。朝鮮半島の鉄道網は大正14年（1925）に朝鮮総督府の直営事業となり、名称も朝鮮総督府鉄道と呼ばれるようになっていた。満州事変後は輸送量が増大して、年間1000万円を超える黒字を計上するようになる。日中戦争が始まると、黒字額はさらに増えて年平均で約2900万円に。太平洋戦争が始まった頃には4000万円を超える黒字を記録した。これは当時の租税収入の10～20パーセントに相当する額で、総督府の財政を支えるひとつの柱にもなっている。

重工業発展の萌芽が見られるも、敗戦ですべて失う

しかし、望みはある。将来的に有望な産業も育ちつつはあった。米作に適していた半島南部では、米の生産量が増え、日本本土への輸出がさかんになっている。朝鮮半島各地に1156の精米会社が創業し、そのなかには373の日本人経営の工場もある。それによって多くの雇用が生まれた。

半島南部の米作以上に、将来の発展を期待されたのが半島北部の鉱工業である。平壌周辺は良質の無煙炭が多く埋蔵されており、こちらは艦隊用燃料を欲する海軍が中心になって炭鉱開発をおこなった。昭和時代に入ると艦船の燃料は重油に転換されるが、朝鮮半島産の良

質炭は工業用石炭として多くの需要があった。１９３０年代には年間２００万トンの石炭が産出され、距離的に近い九州などに売られていった。米とともに朝鮮半島の重要な輸出品として、産出量は年々増えつづけた。

また、半島北部では石炭の他にも鉄鉱石、黒鉛、タングステン、アンチモン、マグネサイトなど鉱物資源が豊富だった。とくにマグネサイトの埋蔵量は世界有数といわれる。朝鮮総督府でも各地で地質調査をおこなって、新しい鉱脈が次々に発見されている。また、北部には発電に適した河川が多く、朝満国境の鴨緑江《おうりょくこう》には昭和19年（１９４４）に世界最大級の水豊ダムをはじめ、いくつかの大規模ダムが建設されている。

豊富な電力と地下資源を活用して工業発展が達成できれば、財政の黒字化が期待できる。台湾以上に旨味のある植民地に成長する可能性はあった。実際、戦後に朝鮮半島北部を支配するようになった朝鮮民主主義人民共和国は、日本が残した発電設備や鉱山を利用して重工業を飛躍的に発展させている。共産主義陣営の生産拠点として機能し、60年代頃まではＧＤＰでも韓国を上回っていた。この豊富な地下資源を失ったことは、日本にとって最も大きな痛手だったのかもしれない。

地下資源や電力開発などの大型プロジェクトも多かったことから、日本から朝鮮半島への

朝鮮半島北部の興南（現・北朝鮮咸興市）に大規模な化学工場を建設。周辺には労働者の社宅も作られ、無名の寒村は十数年で工業都市となった（『決定版昭和史　別巻 1』より）

投資額は台湾よりも遥かに多かった。やがてはそれが実を結び、日本内地に大きな見返りをもたらすはずだったのだが、終戦によって朝鮮半島を放棄せねばならなくなり、投資は回収できずに終わってしまう。

終戦の時点で、朝鮮総督府には日本からの借入金の残額約９億円が貯め込まれていたと推測されている。もちろん、その金も返還されることはない。太平洋戦争がなくとも、戦後に朝鮮半島は併合を解消して独立していた可能性は高い。が、平和裏の独立であれば、この借入金を踏み倒されることはなかったはずだ。それに見合う何らかの見返りは得ていただろう。

また、昭和17年（１９４２）の時点で朝鮮半島には、75万２８２３人の日本人が居住していたことが確認されている。終戦時には90万人を超えていたという推定もある。所有していた家や土地、農地などすべて残して日本へ引揚げるしかなかった。終戦時に日本人が朝鮮半島に所有していた不動産は、当時の価値にして総額67億８０２５万円と算出されている。また、個人や企業の預貯金、有価証券などを合わせると２５７億７１１５万円にもなるのだが、これも大半は持ち出すことができなかった。

終戦後間もない頃にＧＨＱと日本銀行や旧大蔵省などが合同して、朝鮮半島に残してきた日本の資産についての調査がおこなわれた。それによれば、朝鮮総督府の資産や個人・法人の財産まですべてまとめると、昭和20年（１９４５）８月時点の貨幣価値で８９１億２０００万円という数字が弾きだされている。これは台湾に残してきた日本資産の2倍、当時の国家予算の4倍。また、現代の物価水準に置き換えると、約17兆円になるという試算もある。

植民地・朝鮮半島は最後まで赤字経営の不良債権だった。が、将来的に重工業の発展を期待して巨額の投資がおこなわれ、台湾の倍近い日本人も居住していた。それだけに損失額もまた大きい。

南樺太の植民地経営の実態

日露戦争の停戦間際に、日本は樺太に侵攻して全島を占領している。そして、ポーツマス条約により、北緯50度以南の樺太を割譲された。明治40年（1907）には樺太庁が設置され、日本内地とは別の法域の「外地」として扱われるようになる。しかし、台湾や朝鮮半島など他の植民地とは違って独自通貨は発行せず、日本円を流通させて日本内地の経済圏に取り込まれた。

ポーツマス条約で割譲された南樺太

南樺太の面積は3万6089平方㎞。大きさは台湾とほぼ同じだが、人口は少なかった。樺太庁が明治41年（1908）にまとめた統計書で確認された人口は、わずか2万6393人。しかも、その大半が夏期の漁場で働く季節労働者で、定住人口はさらに少なくなる。内陸部は少数の先住民が居住するだけで、無人の原

1930年代の豊原市中心部（『樺太写真帖』）

生林が広がっていた。貨幣を使う人間が少な過ぎる。それが独自通貨を発行しなかった理由だろう。だが、全島を覆う森の木々は、そのものが有望な資源。日本政府もこの天然の資源を有効活用する産業の育成をめざした。

まずは、港湾や道路網の整備が急ピッチで進められる。北海道の稚内から大泊港の間は砕氷能力のある大型客船が就航し、港が流氷に覆われる冬場も欠航せずに人や物資が往来できるようになった。また、大泊からソ連国境の古屯《ことん》まで南樺太を縦断する樺太東線をはじめ、終戦までに4路線の鉄路が開通して陸上の移動も容易になった。南樺太が割譲されてから昭和16年（1941）までの間に、樺太庁拓殖事業費として1億5971万4000円の国費が投入されている。

インフラが整うと民間企業が進出して大規模なパルプ工場や製材所が創業された。樺太庁の地質調査によって各地に優良な炭鉱が発見され、三井や三菱など財閥系大企業が炭鉱開発

王子製紙の豊原工場。パルプ・製糸業は南樺太の基幹産業だった。(『樺太写真帖』より)

に乗りだす。南樺太には約20億トン、朝鮮半島の約34倍の石炭が埋蔵されていると推定されていた。昭和10年代には年間生産量で台湾や朝鮮半島を追い抜き、石炭産業はパルプ・製紙産業に次ぐ南樺太の基幹産業に発展している。これによって多くの雇用が生まれ、定住者も増えた。大正10年（1921）には人口10万人を突破。日中戦争が始まった昭和12年（1937）になると、さらに32万6946人にまで増えている。

また、木材や石炭以上に、沿岸の豊富な水産資源は魅力だった。植民地・南樺太の旨味が最も感じられた部分でもある。樺太の近海は、敗戦によってソ連に奪われた千島列島とともに、世界でも有数の漁場として知られる。樺太定置

南樺太で水揚げされるカニ。豊富な水産資源も魅力だった。（『樺太写真帖』より）

漁業水産組合が刊行した『鰊《にしん》鱒《ます》鮭《さけ》鰮《いわし》収獲高並漁業税』には、北海道で鰊が獲れなくなった昭和時代に入ってからも、南樺太の沿岸では年間50万石前後の安定した漁獲高が記録されている。また、鮭や鱒も年間2～4万石の漁獲高があった。

大正4年（1915）の南樺太の総生産額943万円のうち、水産業が占める割合は64・2パーセントに達している。林業や鉱工業がまだ発展途上にあった頃、南樺太の経済は漁業によって支えられていた。この豊かな漁場は、内地の漁業関係者にも大きな恩恵をもたらす。毎年、鮭やカニの漁期になると、内地の水産会社が缶詰工場設備のある1万トン級の母船や漁船団を樺太沖に派遣し、大規模な漁業をおこなっていた。

敗戦により南樺太と千島列島を失ったことは、日本全体の漁業にとっても大きな痛手である。昭和31年（１９５６）に日ソ漁業条約が調印され北洋漁業が再開されるが、戦前とは違って操業海域や漁船数、漁獲量など様々な制限があった。

70年代に各国が２００海里の経済水域を設定するようになると、制限はさらに厳しいものになる。ロシアの排他的水域で漁業をおこなうには、高額な入漁料を支払わねばならない。平成30年（２０１８）に日本の漁船団が支払った入漁料は総額7億４９８０万円にもなる。南樺太と千島列島が日本領であれば、払う必要のないお金だった。

日本にもあったエネルギー資源国になるチャンス

豊かな漁場とともに、南樺太の森林資源や炭鉱や鉄道などのインフラは、ソ連によって奪われてしまう。鉄道網については、終戦頃の貨幣価値にして2億９９００万円と試算されている。この他にも、台湾や朝鮮半島の場合と同様に、企業や個人の資産はすべて戦勝国によって没収されてしまった。

本斗町に設けられた石油の試錐井。樺太には石油や天然ガスなど豊富な天然資源があった。（『樺太写真帖』より）

失ったのはそれだけではない。日本人が南樺太の本当の価値に気がつくのは、戦後しばらく経ってからのこと。そこには、無尽蔵の石油と天然ガスが眠っていたのだ。戦前からソ連領の北樺太にはオハ油田があり、日本が利権を獲得して採掘をおこなっていた時期もある。樺太沖の大陸棚に膨大な石油資源が眠っているのも知られていたが、当時の技術では採掘が難しかった。しかし、１９７０年代になると、ソ連は樺太北部東岸でサハリンプロジェクトと呼ばれる大規模な開発事業に着手。石油約30億バレル、天然ガス約35兆立方フィートの埋蔵が推定され、調査や開発が進むに従ってその量は増えつづけた。

現在の石油・天然ガスの採掘は北樺太とその沖合でおこなわれている。が、旧日本領の南樺太から千島列島にかけての海底にも、石油・天然ガスの大規模鉱床は存在する。旧ソ連時代に千島列島沖を調査して、12～16億トンの石油資源が埋蔵されていることが確認された。さらに調査すれば、千島列島南部や南樺太にも有望な油田・ガス田が発見される可能性大だという。もしも、この海が日本の排他的経済水域内であれば、資本と技術を投入して開発が進められていたことだろう。北海油田を有するイギリスのように、日本もエネルギーを自国内で得ることができたのかもしれない。そう考えると、南樺太と千島列島を失ったのはじつに惜しい。

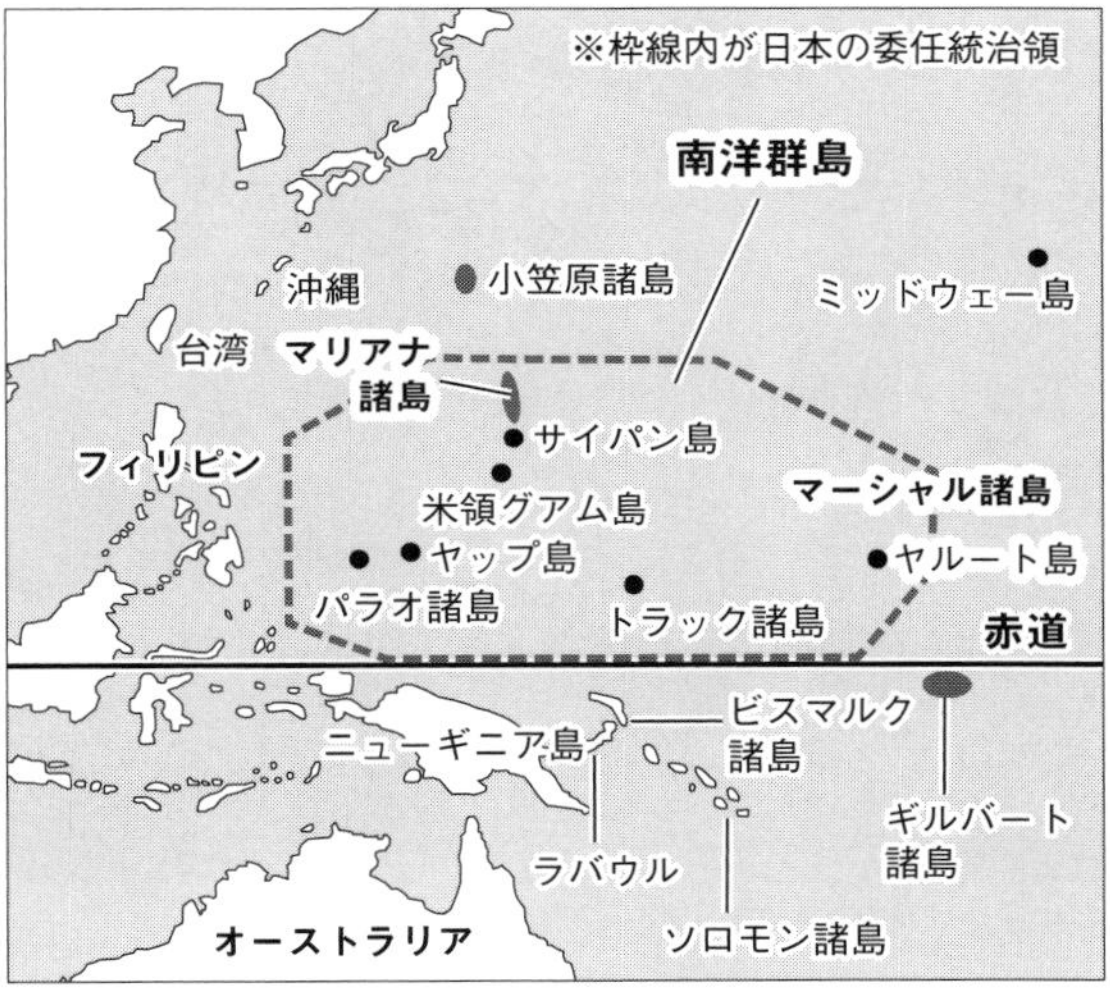

日本が委任統治した南洋群島

南洋群島は台湾とならぶ〝植民地の優等生〟

第一次世界大戦後のベルサイユ条約により、そのうち赤道以北のパラオ諸島、マーシャル諸島、カロリン群島、北マリアナ諸

パラオ島コロールのヤシの並木道（『海の生命線　我が南洋の姿』より）

島などが日本の委任統治領となっている。

委任統治とは、人口が少なく文明の中心から離れている地域に適用された制度。統治を任された国は、その地域の住民自治を認めて早期独立を促し、行政に関する年次報告をまとめて国連に提出する義務を負う。ということだが、国連に査察権はなく、その内情を知ることはできない。軍事基地の建設は禁じられていたが、それ以外は他の植民地と何ら変わることなく、他国の干渉を受けずに日本の思うままに支配できた。

日本領となったこれらの島々は「南洋群島」または「内南洋」と呼ばれるようになる。大正11年（1922）に南洋庁が設置され、海軍による軍政から民政に移行した。他の植民地と同

南洋興発株式会社がサイパン島に建てた製糖工場（『南洋群島寫眞帖』より）

様に特別会計法による独立採算をめざしたが、当初は税収もほとんどなく、日本政府から受け取る年間３００万円前後の補充金が頼りだった。財政の自立をめざして産業開発に着手することになるのだが、そこで目をつけたのが製糖業である。

大正10年（１９２１）、台湾で製糖産業に携わっていた松江春次《はるじ》が、朝鮮半島の国策企業である東洋拓殖の協力を得て南洋興発株式会社を設立。サイパン島でのサトウキビ栽培を始めた。やがて製糖工場を建設し、サトウキビ運搬用鉄道を敷設する大規模事業に発展する。気候がサトウキビ栽培に適していたこともあり、生産量は年々順調に増えつづけた。最盛期の昭和17年（１９４２）には年間７万トンが生産され、

トラック島の鰹節製造所（『海の生命線　我が南洋の姿』より）

２５００万円の砂糖を日本内地に輸出する基幹産業に発展。南洋群島の貿易収支を好転させた。

また、南洋群島周辺の海にはカツオやマグロなどの好漁場が多い。南洋庁は漁港施設や鰹節工場を整えて、鰹節の生産にも力を入れる。年間５００トン以上の鰹節が生産されるようになり、昭和15年（１９４０）には輸出額８７６万円を稼ぎだして、砂糖に次ぐ産業に成長する。この他にも、椰子油の原料となるココヤシ、パイナップル、コーヒーの栽培など、熱帯の気候を利用して日本の他地域では作れない数々の商品作物が開発された。これらの産品も内地での需要は高く、昭和15年の輸出総額は４０５２万円を記録するようになる。

南洋群島の主な移出品目とその割合

年代	総額	コプラ		燐鉱		砂糖		鰹節	
		金額	割合	金額	割合	金額	割合	金額	割合
1922	167	56	33.5	101	60.8	7	4.2	—	—
1924	347	103	29.8	118	34.1	113	32.6	—	—
1926	617	187	30.3	128	20.7	265	42.9	3	0.5
1928	808	196	24.3	146	18.0	391	48.4	2	0.3
1930	1,062	170	16.0	118	11.1	678	63.8	29	2.8
1932	1,331	117	8.8	108	8.1	960	72.1	90	6.8
1934	1,646	107	6.5	139	8.4	1,051	63.8	181	11.0
1936	2,495	204	8.1	285	11.4	1,284	51.4	272	10.9
1938	4,526	302	6.6	…	…	2,485	54.9	359	7.9
1940	4,052	213	5.2	…	…	2,072	51.1	876	21.6

（『南洋庁統計年鑑』などから作成）　（単位:万円　割合:%）

もともと人口の少ない島々なだけに、労働人口は日本内地や台湾、朝鮮半島などに求められる。製糖業や水産業を中心に、移住者約８万人の雇用が確保された。

南洋庁は砂糖を内地へ輸送する船舶に出港税を課していたが、その税収が４００万円を超えるようになった昭和７年度からは、政府からの財政援助も必要なくなる。年間予算は６００万円程度と、内地の地方都市なみの規模ではある。が、補充金を受けずに財政が独立できた植民地は、南洋群島と台湾だけだった。

昭和８年（１９３３）に日本は国際連盟から脱退する。しかし、南洋群島については「帝国不可分の領土」として永久統治を宣言。禁じられていた軍事基地も建設され、戦略的にも大きな価値をもつ場所となった。

海軍は点在する島々に飛行場を作り航空隊と守備兵を常駐させた。また、トラック諸島（チューク諸島）にある世界最大級の環礁は連合艦隊の根拠地となり、燃料貯蔵庫や大型ドックなど大規模な基地施設が建設される。臨時軍事費特別会計から莫大な予算が計上され、南洋群島は要塞化された。

太平洋戦争では最激戦地となり、軍施設の大半は破壊されてしまう。また、南洋群島の経済に富をもたらしてきた製糖産業や鰹節工場などもすべて、戦火で破壊された。戦争を生き残った住民たちはすべてを失い、追われるように内地へ引き揚げていった。

こうして黒字経営の優良な植民地は失われた。経済規模が小さかっただけに、台湾や朝鮮半島に比べると損失額は微々たるもの。だが、南洋群島の真の価値は広大な海域にある。そこは、日本人の大好物であるマグロやカツオの好漁場。70年代に200海里経済水域が設定されるようになると、日本の遠洋漁船団は、戦後に独立した島嶼《とうしょ》国《こく》に入漁料を支払って操業するようになった。

平成23年（2011）まで1日1隻あたり1200~2500米ドル、その後は年々値上げされ現在は1日8000米ドル。年間にして1隻2000万円、全体では50億円を超える入漁料を支払っている。

多額の投資と移民を集めた夢の大地〝満州〟

日露戦争後に締結されたポーツマス条約により、遼東《リャオトン》半島先端部にある関東州の租借権、奉天以南の東清《とうしん》鉄道支線と鉄道附属地、沿線の炭鉱や鉱山など、ロシアが満州南部に有していた権益が日本に割譲された。

明治39年（１９０６）には関東都督府が設置されて統治を開始する。また、陸軍は租借地と鉄道権益の防衛を目的に守備隊を派遣し、大正8年（１９１９）年にはこれが関東軍として再編される。関東軍は朝鮮軍や台湾軍と同じ「総軍《そうぐん》」と呼ばれる戦時編成で、現地司令官には大きな裁量権があった。それが独断専行を許すことになり、満州事変が起きた大きな要因ともなっている。事変勃発時、政府や陸軍中央の不拡大方針をとり早期収束を図ろうとするが、現地の関東軍がこれを無視。戦火を広げて満州全土を制圧してしまう。その結果、満州国が建国された。

満州国建国後、関東州は満州国に編入されて、日本は改めて満州国からこれを租借した。

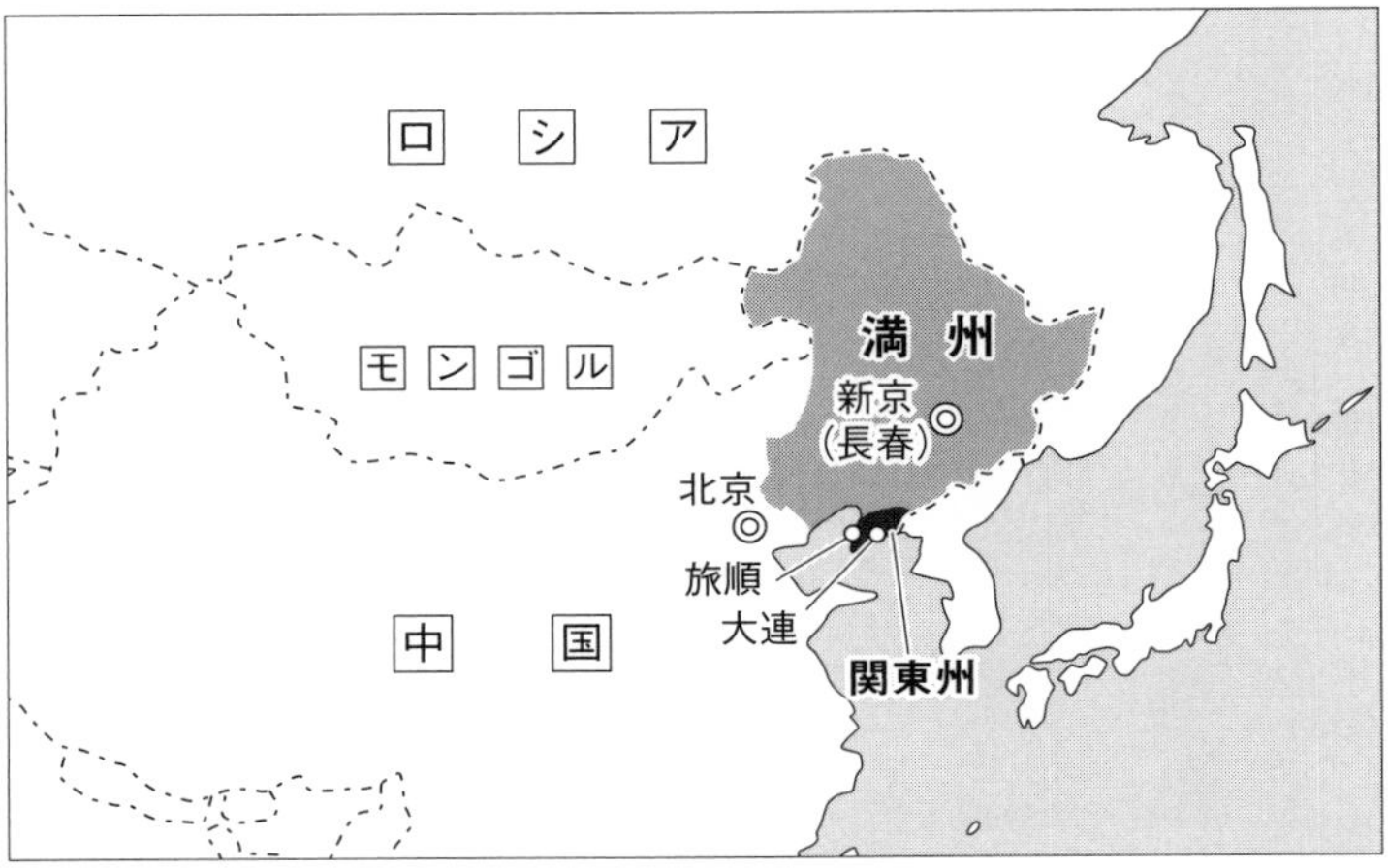

満州の位置

また、満鉄が所有していた鉄道附属地も満州国に返還された。しかし、満州国は傀儡国家であり、関東州や鉄道附属地を含めた満州全土が、日本の植民地と考えていいだろう。満州はこれまで日本が領有した〝植民地〟のなかで、最も広く、地下資源にも恵まれていた。最も儲かる可能性のある植民地と考えられていたが、広大な地域だけに、朝鮮半島や台湾以上に多額の投資をする必要があった。

満州最大の企業である南満州鉄道が設立されたのは、明治39年（1906）のこと。ロシアから割譲された鉄道や鉄道附属地の経営を目的に、資本金の半分を日本政府が出資する国策会社だった。設立当初の資本金は2億円だったが、大正9年（1920）には

南満州鉄道のシンボル「特急あじあ号」と南満州鉄道の路線図（左上）

4億4000万円にまで引き上げている。明治39年度の国家予算は4億6000万円、大正9年だと13億6000万円である。日本政府の満鉄への出資額は、国家予算の2割近い額になる。かなりの無理をしていたことが、この数字からも理解る。

残り半分の資本金は、株式公開により民間から出資を募った。1株50円で株式が公開された時には、購入希望者が殺到して抽選となっている。倍率は1000倍を超えていたというから、その人気ぶりがうかがえる。満鉄株は年6分の高配当が約束され、しかも国策会社であるため倒産の心配がない。ローリスク・ハイリターン、投資家からは好まれた。この後も2度の増資がおこなわれ、資本金は最終的に14億

南満州鉄道株式会社が整備した大連港のふ頭（『満州写真帖』より）

円にまで膨れあがっているが、買い手に困ることはなかった。また、社債も元本保証があることから人気があり、昭和時代に入ると日本債権市場の1割を満鉄社債が占めるようになった。

満鉄は潤沢な資金を使って鉄道施設の整備や支線建設を進め、満州の鉄道網は急速に発展してゆく。また、大連港を整備して海上運輸にまで手を広げて、鉱山開発や製鉄所、農場、ホテル、航空会社など様々な事業を展開した。鉄道付属地にはガスや上下水道を引き、学校や病院を建設するなどの都市整備もおこなっている。

満鉄はたんなる鉄道会社ではなく、満州経済を支配する一大コンツェルンに成長する。

様々な事業に手を広げすぎて不採算事業を多くかかえながらも、鉄道や港湾事業の巨額の黒字がこれを補った。昭和7年（1932）には、6128万7000円の黒字を記録。昭和12年（1937）に鉄道附属地の行政権が満州国に返還されたことも、経営に好影響をもたらす。鉄道附属地の運営管理は、最も大きな赤字を出していた部門だけに、満鉄経営陣にとってはむしろ喜ぶべきことだった。

満州経営に投じられた巨額の〝事件費〟

関東軍の暴走による副産物である傀儡国家・満州国であるが、その建国には満鉄以上に巨額の資金を必要としている。建前上は国家であるだけに、政府組織や議会が必要になってくる。新京（現在の吉林省長春市）には議事堂や庁舎、皇帝・溥儀の宮殿などを建設し、首都にふさわしい大規模な都市整備もおこなわねばならない。さらに、日本陸軍の指導のもとに兵員と兵器を確保して軍隊が組織され、満州中央銀行を設立して独自通貨を流通させるようになる。

建国に要する費用は、一般会計から支出された満州事変に関する「満州事件費」の多くが

巨額の予算を投じて整備された満州国の首都・新京市街（『満州景観』より）

流用されている。満州事変が終結した後も、毎年1億3000万円～1億8000万円の費用が満州事件費の名目で計上されつづけた。日中戦争が勃発した昭和12年（1937）には、それが2億6000万円に増えている。この他、植民地の統治事務の管理監督や南満州鉄道の営業監督などを担当した拓務省からも満州移民経費として資金が拠出されており、他の省庁からも様々な名目で満州国に金を流している。また、満州国では重工業を中心とした産業開発をするために、5カ年で総額26億円の投資を計画。その後、予算額50億円に上方修正された。その財源を確保するために満州国が発行した公債の買い手も、日本内地の企業や投資家だった。

満州国の移住地に到着した日本人移民団。移住は農耕期に合わせ２〜３月に行われた。

日本内地からは多額の資金にくわえて、多くの移民も流入するようになる。満州の広大な平野は土壌に恵まれ、農地に適した土地が多かった。昔から世界有数の大豆産地として知られ、他にも小麦や牧畜などもさかん。満州国建国以前から、中国各地や日本の市場では満州産の農産物が多く売られていた。

昭和7年（１９３２）３月13日の「大阪朝日新聞」には、満州の貿易について詳しく書かれた記事が掲載されている。それによれば、

「満州の貿易総額は最近七億両以上に達している」

と、ある。「両」は清国時代の銀本位制通貨の単位であり、日本円に換算すると約5億円。満州国建国後も、輸出額は6億円台を

満州の日本人人口の推移

（単位：人）

年	関東州	満鉄付属地	開放地	その他
1915	50,197	32,766	13,283	5,336
1920	73,806	61,671	19,701	4,794
1925	90,542	81,633	11,960	3,853
1930	116,052	96,813	12,215	3,704
1931	119,770	97,530	12,036	3,384
1932	125,935	113,412	20,689	9,133
1933	139,016	136,416	34,648	23,632
1934	149,492	161,237	55,954	41,141
1935	159,559	186,507	89,112	57,386
1936	166,369	199,006	117,053	69,510
1937	174,587	411,995		
1938	178,594	492,947		

（副島圓照「戦前期中国在留日本人人口統計」より作成）

保っている。しかし、満州と同じように農産物やその加工品が輸出品の主流だった台湾では、砂糖を中心に年間3～4億円の輸出額があった。満州の面積は台湾の40倍以上にもなる。面積で比較すると、広さに見合った輸出額ではない。また、険しい山岳地が島の中心に広がる台湾に比べると、満州は平坦地が多く農地開発はそれだけ容易でもある。開拓すればもっと収益は上がるはず。満州の大地はまだまだ底知れないポテンシャルを秘めていると思われ、将来への期待は大きかった。

世界恐慌以来、長引く日本内地の不況に辟易として、満州の将来性に賭けようとする者も多く現れるようになる。

「満州で一旗揚げる」

が、当時は流行語として語られ、進出企業や移住者は増えつづけた。

日本政府もまた、雇用対策として満州への農業移民を奨励している。内地の青年たちを募って「満蒙開拓団《まんもうかいたくだん》」を組織し、満州各地に開拓村を建設した。昭和11年（1936）になると広田内閣は、20年間で500万人を日本から満州へ移民させようという「二十カ年百万個送出計画」を閣議決定。応募者には渡航費や当面の費用などが支給されるようになった。結果、移民熱はさらに高まり、終戦までに約27万人が満州に農業移民している。

満州国の日本人人口は、昭和12年（1937）の調査で41万1995人。それが翌年の昭和13年（1938）には49万2947人に増え、租借地である関東州を含めると約70万人に達した。また、日本の統治によって治安情勢の安定した満州には、軍閥が争って内戦状態に陥っていた中国本土からも、多くの移住者がやって来るようになる。満州国建国時の総人口は約2900万人だったが、昭和15年（1940）の満州国国勢調査では4323万3954人に増えた。国勢調査では把握できない流民もかなりの数いたと推測されている。

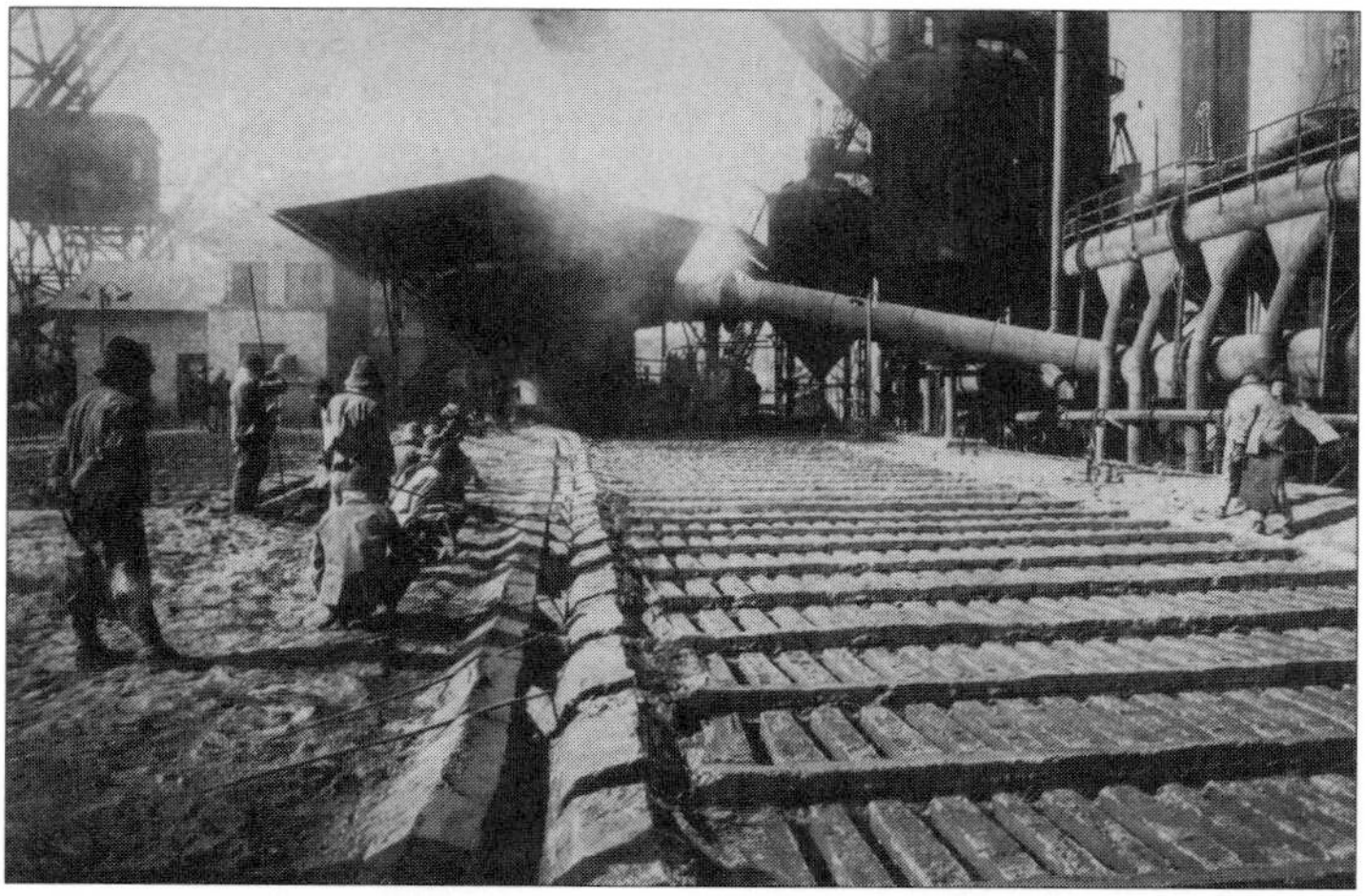
1939年に満州重工業開発の傘下に入った日中合資の本渓湖煤鉄公司（『満州写真帖』）

投資に比例して急成長する巨大市場〝満州〟

人口の増大により、満州には市場としての魅力もでてきた。将来的な内需にも期待して、産業開発にも拍車がかかる。

満州国建国後には、国策会社の満州重工業開発が資本金4億5000万円で設立された。製鉄所や自動車工場、兵器製造工場など、その傘下の企業は31社にもなる。満鉄と双璧の大コンツェルンを形成し、満州の重工業を支配した。

この他にも多くの企業が満州で創業するようになる。大連商工会議所調査部が編纂した

満州国における工業別生産額の推移　（単位：千円）

	1934年	1936年	1938年	1939年	1940年
紡績工業	54,255	89,517	202,723	249,978	242,748
金属工業	33,106	107,400	190,921	365,220	490,461
機械器具工業	17,753	20,439	47,715	83,900	161,890
窯業工業	12,190	19,879	49,044	80,897	118,462
化学工業	60,042	108,398	156,118	254,122	319,194
食品工業	63,891	150,046	292,961	387,581	384,691
瓦斯工業	1,753	3,154	―	4,446	5,413
製材木製品工業	17,379	21,025	54,809	74,684	86,617
印刷製本工業	6,073	9,695	22,120	34,502	51,772
雑工業	27,962	59,435	86,663	146,304	233,427
総　計	294,404	586,540	1,103,073	1,681,635	2,094,676

（風間秀人「1930年代における『満洲国』の工業」を参考に作成）

『満州銀行会社年鑑』の昭和10年版には満州にある企業約2000社が収録されているが、昭和17年版ではこれが6700社に増える。7年間で企業の数は3倍以上。工場も増えて、機械類を中心とする日本からの輸入量が増大する。世界恐慌後は製品の輸出先が減っていた日本内地の企業には、大きな恩恵となっている。

満州国への投資額は台湾や朝鮮半島など他の植民地と比較しても遥かに多い。その投資に見合う効果は、それなりに現れ始めていた。石炭産出量は日露戦争以前の5倍に増えて、年間産出量1000万トンを超えている。鉄鉱石やボーキサイトの産出量も上がり、この満州産の石炭と鉄鉱石を原料に、鞍山《あんざん》製鉄所などで鉄製品が生産されるようになった。太平洋戦争頃には、年間生産量は３００万トンを超えている。

人口の増加と産業の成長により、満州国の税収も増える。昭和９年（１９３４）には１億３２７６万８０００円の歳入があり、歳出は９９８３万４０００円。翌年の会計に繰越された余剰金３０００万円以上が生じている。

満州にはまだ未開の地が多く、未発見の豊かな鉱物資源が眠っている。さらなる発展の余地も充分にある。このまま順調にいけば日本内地から投入された資金は、そう遠くない将来に回収できるはずだった。

終戦とともに大陸の夢も消滅する

投資の旨味が味わえるのもこれからという時……だったが、敗戦により傀儡国家・満州国は消滅してしまう。

鉄道網などのインフラに投じた資金の大半は、日本政府からの出資と日本内地で発行された株券や社債、満州国の公債で賄ったものだ。それらの有価証券は、消滅した満州国や国

1953年に発見された大慶油田

策企業とともに、すべて消えてなくなってしまう。また、命からがら内地に逃げ帰ってきた人々が残してきた財産も莫大なものになる。戦後になってから、満州に残してきた日本資産の評価額が試算された。それによると、終戦時の貨幣価値にして１４６５億３２００万円になるという。昭和20年（１９４５）の国家予算の約7倍にもなる途方もない金額だ。

その損失額もさることながら、豊かな農地と地下に眠る鉱物資源もまた惜しい。石炭や鉄にくわえて、昭和28年（１９５３）には満州北部の大慶で大油田が発見される。年間５０００万トンの原油が生産され、それは中国の石油需要を支えるにも充分な量だった。天然ガスの生産量も年間25・5億立方メートルになるという。また、沿岸部に近い遼河でも戦後に油田が発見された。中国3大油田のうちふたつが、満州に存在していたのだ。これが満州国が健在だった頃に発見されていれば、日本は石油自給が可能となり、アメリカと戦争する理由もなくなっていただろう。

満州国もまた敗戦によって消滅しなかったとしても、いずれは日本の植民地支配から脱却した可能性は高い。傀儡国家から完全な独立国になるか、あるいは、中国に併合されただろうか。しかし、太平洋戦争がなければ他の植民地と同様に、もっと緩やかな過程を歩んで日本の支配から離れたはず。莫大な投資を回収し、企業や個人資産を持ち出す余裕は与えられただろう。大慶や遼河の石油や天然ガス利権を保有できた可能性もある。

たとえば、インドを植民地として約100年間支配したイギリスは、インドが独立するまでの間に植民地への投資に見合った利益を得ている。支配期間が長かった蘭印や仏印といった他の欧米植民地でも、同じように植民地経営で損益は生じなかったはずだ。

しかし、日本が満州を完全に支配下に置いたのは、満州国が建国された昭和7年（1932）のこと。支配した期間は、わずか12年である。台湾や朝鮮半島の支配期間もまた40年に満たず、欧米列強の植民地支配の歴史と比較するとかなり短い。植民地経営の旨味を味わうには、時間が短すぎた。土を耕し肥料を与え、そろそろ食べ頃といったところで、奪われてしまった。そんな感がある。もしも、戦争がなかったら……このフレーズが幾度も頭を過る。

戦火の中国でも、日本からの投資は旺盛だった

昭和15年（1940）にまとめられた基本国策要綱では、アジアを欧米の植民地支配から解放し、日本を盟主とする大東亜共栄圏を建設する目標が掲げられた。アジアの市場と資源をひとつにまとめあげれば、巨大な経済圏ブロックができあがる。日中戦争で日本軍は華北や華中の大半を占領し、太平洋戦争では資源地帯の蘭印やマレー半島、フィリピン、ニューギニアやソロモン諸島などもその勢力圏に組み入れた。これによって、大東亜共栄圏の構想が現実味をおびてくる。

南方の占領地では、現地住民に将来の独立を約束して軍政がおこなわれた。軍の保護のもと、日本資本が入って油田や鉱山の経営などの経済活動がおこなわれるようになる。

また、中国の占領地では河北に冀東《きとう》防共自治政府が成立し、国民党政府が去った南京にも

昭和18年（1943）11月に東京で開催された大東亜会議の出席者。左からバー・モウ（ビルマ）、張景恵（満州国）、汪兆銘（中華民国）、東條英機、ワンワイタヤーコーン（タイ）、ホセ・ラウレル（フィリピン）、スバス・チャンドラ・ボース（インド）

中華民国の正統政府を標榜する汪兆銘《おうちょうめい》政権が樹立された。これらの政権は満州国と同じで、日本の意向に従う傀儡政権。大東亜共栄圏構想の実現に向けて日本に協力したが、政権を維持するために日本政府も多額の資金援助をおこなっている。

日中戦争が始まった頃、満州国では重工業の発展により石炭の内需が増えて、日本内地への輸出量が減っていた。それを補うため華北での炭鉱開発がさかんになる。昭和10年（1935）に中国から日本に輸出された石炭は55万9000トンだったが、昭和15年（1940）になると約7倍の378万7000トンに増加、太平洋戦争開戦後は400万トンを突破した。中国産石炭

満州炭、中国炭の日本国内に対する供給量の推移

年　次	日本国内外石炭供給合計	1938 年末			
		満州炭	中国炭	その他	合計
1933	36,797	2482	366	648	3496
1934	40,997	2754	551	756	4061
1935	43,143	2693	559	797	4049
1936	47,966	2257	1154	1135	4546
1937	51,443	1926	1440	893	4259
1938	55,513	1412	1706	665	3783
1939	60,401	818	2943	592	4353
1940	67,205	809	3787	480	5076
1941	65,184	686	4118	351	5155
1942	62,916	642	4539	274	5455
1943	61,758	603	3390	75	4068
1944	52,659	589	1606	0	2195
1945	22,647	75	194	0	269

東洋経済新報社編『昭和産業史　第三巻・統計篇』より作成　（単位：千トン）

への依存度が高まるのに歩調をあわせて、日本からの投資も増えつづけた。石炭産業の約80パーセントは、日本資本で占められるようになる。

日本政府は占領地でも、他の植民地と同様に国策会社の設立に動く。昭和13年（1938）には、華北での資源開発を目的に北支那開発株式会社が設立された。資本金は3億5000万円と、創業時の南満州鉄道を上回る巨大企業である。これにくわえて、華中にも資本金1億円の中支那振興株式会社が設立された。これらの国策企業の資本は半分を日本政府が出資し、残りの資金は三井、三菱、住友など財閥系企業を中心とした民間から投資を募った。日中戦争の勃発によって軍需を中心に資源消費が増えていた時期だけに、儲かる投資先として期待された。

また、資源輸送と前線への兵員輸送を円滑にするため、鉄道や道路、港湾などの交通インフラを整え、戦火で荒れ果てた耕地を再生させるために治山治水事業もおこなった。これらの総事業費は当時の日本の国家予算の約2倍にもなる。

日本の占領地には、中国総人口の約40パーセントが居住していた。中国の人口は1920年代にはすでに5億人を突破していた。日本占領地域には、2億人が居住していたと考えられる。これは当時の日本内地人口の約3倍にもなり、市場としての魅力も充分。また、安くて良質な労働力を得られることから生産拠点としても魅力的な地域だった。

日本軍の勢力が強かった頃は、治安情勢も安定している。そのため上海や青島、天津などの沿岸部や揚子江流域の都市には、各種の製造工場や商社など、多くの日本企業が進出して、旺盛な商業活動がおこなわれるようになる。戦時下にもかかわらず工業は発展し、GDPも上昇した。

中国の占領地は、満州とならび日本の民間資本による投資も旺盛だった。それだけに、敗

日本の対中国投資主要業種別推移

業種別	1936年末		1938年末		両年末比較	
	投資額	%	投資額	%	投資額	%
紡績業	381,643	34.4	408,067	22.2	26,424	3.6
銀行業	160,901	14.5	330,324	18.0	169,423	23.4
輸出入業	122,891	11.1	260,921	14.2	138,030	19.0
鉱業	106,975	9.6	120,959	6.6	13,984	1.9
紡績業以外の工業	91,662	8.2	161,790	8.8	73,651	10.2
航運業	89,448	8.0	94,965	5.2	5,517	0.8
投資業	36,247	3.3	160,323	8.7	124,076	17.1
その他合計	120,765	10.9	298,224	16.3	173,936	24.0
総計	1,110,532	100.0	1,835,573	100.0	725,041	100.0

東亜研究所「日本の対支投資」より作成　（単位：千円）

戦によって失われた日本資産も巨額になる。敗戦後、中国によって接収された日本資本は1837の工場、77ヶ所の鉱山、44社の電気事業会社、435社の商社、等々……とにかく膨大な数だった。

戦後になって日本政府が試算したところによれば、華北の日本在外資産は554億3700万円、華中及び華南が367億1800万円で、合計921億5500万円となっている。これも終戦時の昭和20年（1945）の貨幣価値で計算されたものだが、その年度の国家歳入の約4倍に相当する金額だ。

昭和27年（1952）に、台湾の中国国民党政府との間で日華平和条約が締結された

時、交渉の席で中華民国は多額の戦時賠償を要求してきたという。この時に日本全権は、

「我が国が貴国大陸に遺留してあった財産は巨額なもので、これを以て賠償にあてれば充分に足りるはずだ」

と、言い放っている。植民地や占領地には巨額の日本資産が残っていたことは、当時の日本人なら誰もが知っている。日本内地の財貨は戦火で焼き尽くされて、再生途上の貧しい時期。それだけに奪われた財産が、いっそう惜しく思えてくる……。

戦前からの植民地だった台湾や朝鮮半島などにくわえて、中国や東南アジアの占領地に残してきた日本資産を合計すると、その総額は３７９４億９９００万円。空襲で焼け野原にされた日本内地の被害額の約６倍。凄い数字である。

【第四章】終わらない償い

敗戦後に待ち受けていた〝賠償金〟という責苦

昭和26年（1951）9月8日、第一次世界大戦の戦死者を慰霊して建設されたサンフランシスコ市の『ウォーメモリアル・オペラハウス』で、講和条約署名式がおこなわれ、敗戦国・日本と連合国48カ国がこれに署名した。批准書にサインする吉田茂首相の手元を、日本側全権代表団の池田勇人蔵相や一万田《いちまだ》尚登《ひさと》日銀総裁らが凝視する。

「連合国は、日本及びその領水に対する日本国民の完全な主権を承認する」

講和条約の第一条が発効したことにより、5年以上にも及んだ連合国軍の占領統治は終わりを告げる。

日本の主権は回復された。しかし、そのために支払わねばならない代償もまた大きい。第二条にはその主権が及ぶ領域についても記されており、これによって朝鮮半島や台湾など明治維新後に得たすべての植民地を放棄することになった。また、北緯29度以南の島々、つまり奄美諸島、琉球諸島、小笠原諸島などについてはアメリカの委任統治下におかれる。日本の主権が及ぶ領域は、本州、四国、北海道、九州とそれに隣接する島々だけになってしまった。しかし、領土の放棄については日本側はすでに予測している。独立を勝ち取るためには致し方なしと、納得もしていた。問題はお金である。戦勝国に支払わねばならぬ賠償金、それがどうなるか……。

サンフランシスコ講和条約の批准書にサインする吉田茂首相

第一次世界大戦終結後のヴェルサイユ会議において、敗戦国ドイツの戦争賠償金1320億マルクの支払いが決定した。これは当時ドイツのGDP（国内総生産）の5～6年分、純金換算だと4万7256トンにもなる。人類が発掘した金の四分の一に相当する量だった。

当初は30年間の分割とされたが、それでも敗戦国には荷が重すぎる。多額の支払いでドイツ経済は完全に破綻した。1年間で1兆倍という天文学的ハイパーインフレが発生し、庶民が荷車に札束を山積みして買物に行くという光景

山のように積まれた紙幣を数える銀行員。第一次世界大戦後のドイツでは戦時賠償金が原因でハイパーインフレが発生。1918年からわずか5年で物価が1兆倍になった。

が現実に起こっている。

１９３０年代になってから賠償金額が減額され、約３５８億マルクを59年間の分割払いで支払うことに。これでハイパーインフレは収まったのだが、それでも返済はドイツ経済の足枷だった。ナチス政権下では支払いを停止したが、第二次世界大戦後にはこれが復活。平成22年（２０１０）にドイツ財務省が最後に残った国際利子分７０００万ユーロ（約80億円）を支払って完済した時には、第一次世界大戦終戦から92年が過ぎている。日本もそうなってはたまらない。

連合国の側でも、敗戦国への賠償金請求に関しては意見が分かれている。ヴェルサイユ体制下で巨額の戦争賠償金支払いに苦しめられたドイツ国民は、戦勝国を激しく恨むようになった。それがナチス政権を誕生させ、第二次世界大戦を起こした大きな原因とされる。この反省から「敗戦国に過度な戦争賠償金支払いを求めてはならない」という意見が大勢を占めていた。しかし、戦後復興の資金に、敗戦国からの賠償金をあてにしている国々もまた多い。

戦勝国間の賠償金請求に関する調整は難航した。賠償金額がいくらになるか、それによって日本の戦後復興が大きく左右される。しかし、主権を停止され占領下にある敗戦国には、それについて何も言えない。俎板《まないた》の鯉といった状況だった。

在外資産の差し押さえだけでは足りない巨額の賠償金

「日本国は戦争中に生じさせた損害及び苦痛に対して、連合国に賠償を支払うべきことが承認される。しかし、存立可能な経済を維持すべきものとすれば、日本国の資源は、日本国がすべての前記の損害又は苦痛に対して、完全な賠償を行い且つ同時に他の債務を履行するためには現在充分ではないことが承認される」

日本の対外資産（1945年8月5日時点）

地　域　名	金　額
朝鮮	702億5600万円
台湾（中華民国）	425億4200万円
中国　東北	1465億3200万円
華北	554億3700万円
華中・華南	367億1800万円
その他の地域（樺太、南洋、その他南方地域、欧米諸国等）	280億1400万円
合　計	3794億9900万円

外務省の調査より

と、サンフランシスコ講和条約の第十四条では、各国が日本に賠償金を求めることを認めた。が、現状の経済状況ではそれが不可能であることも示唆している。

条約に則り、日本の在外資産を差し押さえ、賠償に充てることが可能に。日本政府や企業にくわえ、個人が所有していた在外資産３７９４億９９００万円が消滅することになる。そして、この在外資産の接収と相殺して、アメリカやイギリスなど多くの「戦勝国」が戦時賠償の請求権を放棄している。敗戦国が存立可能な経済を維持するために、新たな負担を強いてはならないと、戦勝国側も譲歩したのである。

しかし、それですべての賠償金請求から免れたわけではない。講和会議で話し合われたのは、あくまで日本の「戦争に対する責任」をどう償うかである。つまり、放棄された賠償請求は「戦争責任」に対するものだけ。そこには過去の植民地支配に対する賠償や、日本軍から被害を受けた個人に対する補償などは含まれていなかった。

たとえばオランダは「私権への補償」という問題を提起して、植民地インドネシアで失われた在オランダ資産、収容所に送り込まれた民間人の苦痛に対する補償を求めている。また、大東亜共栄圏に取り込まれ資源を搾取された東南アジアの国々も、それに関する賠償請求権を放棄していなかった。さらに、日本軍によって最も被害を受けた中国、終戦後に独立した韓国臨時政府は会議にこの参加しておらず、ソ連やチェコなど共産主義陣営は調印を拒否している。

私権や植民地支配の被害とそれに対する賠償を訴える国々、講和会議に参加していない国々とは、個別の二国間交渉をおこなう必要があった。講和条約の第十四条にも、被害を受けた国とは二国間協定によりその損害を賠償することが記されている。日本が世界から国として承認され、国際舞台に完全復帰するためには、これらの国々とは個別に協議して相手が納得する償いをする必要があった。多くの国々が植民地からの独立を果たしたばかりで財政は火の車。それだけに、日本から少しでも多くの賠償を得ようと手ぐすねを引いている。タフな交渉になることが予想された。

一家族あたりの負担額は大卒初任給を超えた

サンフランシスコ講和条約締結後すぐに、日本政府は関係各国と二国間交渉を開始している。最初に合意に達したのは、台湾に政庁を置く中華民国政府である。

昭和27年（1952）4月28日には、日華平和条約が締結されて正式に国交が開かれた。この条約で日本は、中国本土が中国共産党により不法占拠された状態であることを認めている。中華人民共和国は正式な国家ではなく、賠償について交渉する「中国」は、中華民国政府が唯一ということだった。

日本への賠償請求を放棄することで負担を軽減し、国力の回復を急がせようというアメリカの方針に、最も強硬に反対していたのが中華民国である。それだけに手強い交渉相手。案の定、交渉が始まると相手は巨額の賠償金を請求してきた。

中華民国にはすでに、海軍艦艇や軍需工場の機器などを戦時賠償として引き渡している。また、第三章にも記したが、当時の国家歳入の4倍に相当する921億5500万円の日本資産を中国本土に残してきた。日本政府はその数字を示し、賠償と相殺するに充分過ぎる額

日華平和条約にサインする日本の河田烈全権。左は中華民国の葉公超全権委員。日本はこの条約を皮切りに国際社会へ復帰する道を歩んでいった。（写真提供：毎日新聞）

だと主張した。さらにアメリカからも圧力をかけられては、賠償請求を放棄するしかない。

「日本国民に対する寛厚と善意の表徴として、日本国が提供すべき賠償を自発的に放棄する」

という条約議定書の一文に、交渉で押し切られてしまった中華民国側の悔しさを察することができる。

中華民国との交渉は、賠償請求を放棄させるという最良の結果を得た。しかし、他の国々との交渉は、そういったわけにはいかない。これらの国々に残した日本資産は中国と比べると遥かに少なく、戦時中に被った「損害」に見合う額ではなかった。

賠償金額をめぐる二国間交渉の相手は28カ国にもなる。

昭和30年（1955）11月5日には、ビルマ（現在のミャンマー）との間で交渉がまとまった。賠償金額は720億円、それにくわえて「準賠償金」とも呼ばれる無償経済協力が612億円。合計1332億円の支払いが決定する。無償経済協力については、日本が資本を提供して鉄道、港湾、発電設備などのインフラを建設する現物支給だった。

また、同年にはオランダに見舞金として36億円を支払っている。さらに、サンフランシスコ講和条約第十六条に記されていた捕虜への補償などの支払額も決定し、それらを合計すると1539億円。昭和30年度の国家予算1兆1000億円の約14パーセントを占めることになった。

翌昭和31年（1956）になるとフィリピンとの間で平和条約が締結され、1980億円の賠償金額が決まる。昭和33年（1958）にはインドネシアに賠償・準賠償を合計して1439億9640万円など、次々に賠償金額が決まり平和条約が締結された。昭和40年（1965）までの10年間で17カ国との交渉がまとまり、5222億6555万円の賠償金支払いが決定している。

対外賠償金の支払総額が3000億円を突破した昭和34年（1959）に、各国との交渉

二国間交渉28ヵ国の賠償内訳 (『昭和財政史』より)

国名	調印年	賠償	準賠償(※)	各種請求権	合計
ビルマ	1955	720	612	—	1,332
スイス	1955	—	—	12	12
平和条約第16条(※)	1955	—	—	45	45
タイ	1955、62	—	96	54	150
デンマーク	1955、59	—	—	7.23	7.23
オランダ	1955	—	—	36	36
フィリピン	1956	1,980	—	—	1,980
スペイン	1957	—	—	19.8	19.8
フランス	1957	—	—	16.728	16.728
スウェーデン	1957	—	—	5.05	5.05
インドネシア	1958	803.088	636.876	—	1,439.964
ラオス	1958	—	10	—	10
カンボジア	1959	—	15	—	15
南ベトナム	1959	140.4	—	—	140.4
イタリア	1959、72	—	—	8.3305	8.3305
英国	1960	—	—	5	5
カナダ	1961	—	—	0.063	0.063
インド	1963	—	—	0.09	0.09
韓国	1965	—	1,080	—	1,080
ギリシャ	1966	—	—	0.5823	0.5823
オーストリア	1966	—	—	0.0601	0.0601
マレーシア	1967	—	29.4	—	29.4
シンガポール	1967	—	29.4	—	29.4
ミクロネシア	1969	—	18	—	18
北ベトナム	1975	—	85	—	85
ベトナム	1976	—	50	—	50
アルゼンチン	1977	—	—	0.8316	0.8316
モンゴル	1977	—	50	—	50
合計		3,643.488	2,711.676	210.7655	6,565.9295

(※)準賠償とは無償経済協力のこと (単位:億円)

(※)平和条約第16条とは、日本軍による捕虜虐待に関する補償のこと

にあたっていた外務省賠償部は、

「日本人口を9300万人（当時）として、1人あたりの賠償分は3900円になり、決して多いとは言えない」

と説明している。国民の一部には不満もあったようだ。平均的な4人家族であれば一家の負担は1万5600円。この年の大卒初任給が1万1297円ということから考えて、この負担が軽いのか重いのか、判断は分かれるところ。また、この後も巨額の賠償金支払いが決まり、支払い総額は増えつづけている。

しかし、一方で賠償にはメリットもあった。賠償や無償経済協力にはインフラ整備などの現物支給が多く、それが日本の生産力や輸出力の強化につながったといわれる。

サンフランシスコ講和条約に調印した吉田茂首相などは、

「賠償は実は投資であって、少なければよいというものではない。有効な投資は必ず利益をもたらす」

とも、語っている。二国間交渉がほぼ決着した昭和40年度の国家予算は約3兆7000億円。ビルマとの間で最初の賠償金額が決定した昭和30年度の国家予算と比較して3倍以上に増えている。輸出額は年々凄まじい勢いで伸びつづけ、日本経済は急速に発展していた。賠償は投資。確かに、損ばかりではなさそうだ。

決着まで13年も要した大韓民国との賠償交渉

しかし、巨額の投資（賠償）を求める最大の難敵との交渉は、まだ終わっていなかった。この投資先については、当時から投資効果は期待できないと考える者も多い。アメリカ軍占領下の北緯38度線以南の朝鮮半島は大韓民国として独立し、日本はこれを朝鮮半島の正統政府として国交樹立のための協議を重ねてきた。

大韓民国は戦勝国としてサンフランシスコ講和条約への署名参加を望んでいたが、朝鮮半島は終戦までは日本の一部であり、そこに国家は存在しなかった。米英など多くの連合国も韓国を戦勝国とは認めず、講和会議に出席できなかった。そのため日本と韓国は、国交樹立をめざし昭和27年（1952）から二国間協議を開始した。が、双方の求める条件に隔たりが大きく、協議は難航した。

韓国側は当然のこと、35年間に及ぶ日本統治により朝鮮半島が被った被害の補償を求めてくる。朝鮮半島に残してきた日本資産は、終戦時の貨幣価値で891億円。中国に次いで巨額だった。日本は中華民国の時と同様に、資産放棄で賠償を相殺することを提案するが、それだけでは韓国側が納得しない。

日本が連合軍の占領下にあった昭和24年（1949）に、韓国政府は『対日賠償要求調書』をGHQに提出。そこでは朝鮮半島に残る日本資産に加えて、約21億ドルの賠償金支払いを求めている。当時の為替レートは1ドル＝360円。日本円換算では7560億円となり、この年度の国家予算6994億5000万円を上回る。韓国側は日本政府との交渉のテーブルでも、この金額を求めてきた。しかし、到底飲める話ではない。

両政府が望む解決には開きが大きく、交渉には13年の歳月を費やした。第7次にもなる首脳会談がおこなわれたが、なかなか合意に至らない。自由主義陣営の結束を急ぐアメリカもついに痺れを切らして、日本に譲歩を迫るようになる。

また、昭和27年（1952）に韓国が領土を主張する竹島近海で、日本漁船が次々に拿捕される事件が起きていた。3929人にもなる日本人漁船員が、韓国内の留置場に長期間抑留されたままになっている。いわば人質を取られた形で、交渉はつづけられていた。自国民を早く救出せねばならない。時間が経つほどに、日本側の状況は不利になる。譲歩して賠償金の支払いに応じるしかなかった。

日韓基本条約の調印式。国交正常化まで13年の時を要した。（写真提供：朝日新聞）

「協定によって韓国に支払った金は、経済協力でありまして……」

賠償金ではなく経済協力、独立のご祝儀である。と、外相・椎名悦三郎が国民に苦しい説明をしながら、昭和40年（1965）6月22日に日韓基本条約が締結される。

この結果、無償3億ドル、有償2億ドル、民間融資として3億ドル。合計8億ドル、日本円換算で2880億円の「経済協力金」が韓国に支払われることになった。韓国側が当初に要求していた21億ドルからはかなり圧縮されたが、それでも当時の日本には苦しい支出である。これまで蓄えていた米ドルを切り崩して支払うことになるが、これで外貨準備高約18億ドルの半分近くが失われた。

日韓基本条約締結後、昭和42年（１９６７）にはシンガポールとマレーシアにそれぞれ29億４０００万円ずつ、昭和44年（１９６９）には植民地だったミクロネシアに18億円の賠償金支払いがまとまる。昭和52年（１９７７）にはモンゴルと国交樹立。この時にも、ノモンハン事変の賠償金として50億円を支払った。

これで28カ国との交渉を終えて、日本は世界の大半の国々と国交を結ぶことになる。日本の対外賠償額は、政府や個人の在外資産の喪失、中間賠償（現地に残してきて接収された工作機械など）を含めると、総額で1兆３００億円。それでも、第一次世界大戦で敗戦国となったドイツの支払った巨額の賠償金と比べれば、格段に安く抑えられている。

東西冷戦構造の崩壊でさらなる賠償金が発生する

東西両陣営に分断された国々とは、西側陣営に属する国を正統政府として交渉して国交を回復した。しかし、東西冷戦が雪解けムードになってくると、東側陣営の分断国家を無視していることができなくなる。あらためて国交樹立のための交渉が必要となり、賠償金についても話し合うことになる。

昭和 51 年、無償経済援助文書を交換するザップ駐日ベトナム大使と中江外務省アジア局長。国交正常化には〝過去の再清算〟は欠くことができなかった。（写真提供：朝日新聞）

たとえば、南北に分かれていたベトナムの場合、ベトナム共和国（南ベトナム）と交渉して昭和34年（1959）に和解し、140億4000万円の賠償金を支払っている。ベトナムを代表する政府と交渉して賠償したのだから、これで過去は清算されたはずなのだが……そうはならなかった。

昭和50年（1975）にベトナム戦争が終結して、ベトナム社会主義共和国（北ベトナム）により分断国家が統一される。日本はこのベトナム社会主義共和国と、あらためて国交樹立のための交渉をすることになった。この時にも、賠償金としての意味合いが大きい無償資金協力85億円を支払い、さらに、ベトナム戦争からの復興に必要な設備や資材を日本から購入するという条件付きで50億円を贈与している。

冷戦構造の崩壊により、日本には新たな「被害国」と交渉する必要が生じてくる。当然、賠償金の支払いも覚悟せねばならない。なかでも、政府関係者が最も脅威に感じたのは、分断された「中国」の大半を支配する中華人民共和国の存在だった。

ベトナム戦争が終結する3年前に、昭和47年（１９７２）にアメリカのニクソン大統領が、突如、北京を訪問した。これによって、敵対していたアメリカと中華人民共和国の関係は急速に改善される。そうなると日本も、これまで無視していた中国との国交樹立を急がねばならなくなる。同年9月、当時の田中角栄首相が中国を訪問して国交正常化交渉がおこなわれた。この時に中国側は、

「中日両国の友好のために、日本に対する賠償請求を放棄する」

と、宣言している。だが、タダほど怖いものはない……たしかに、中国は賠償金請求を放棄した。しかし、日本はそれに代わって発展途上国への援助を目的としたＯＤＡ（政府開発援助）を中国に供与するようになる。名目は何であるにせよ、金を払うことには変わりはない。対中ＯＤＡは平成30年（２０１８）まで40年間もつづき、無償資金協力と低金利の円借款をあわせて約３兆６５００億円が拠出されている。各国に支払った「賠償金」のなかでも、

飛び抜けて巨額なものとなってしまった。

また、日韓基本条約締結時には朝鮮半島全域の植民地被害に対する償いとして、正統政府と認めた韓国に総額8億ドルという巨額の賠償金を支払っている。当時はこれで過去の問題は清算されたと誰もが思ったはず。しかし、南北朝鮮が統一されるか、朝鮮民主主義人民共和国（北朝鮮）と国交を樹立するとなれば、ここでもまた相当額の贈与を要求されるだろう。

日韓基本条約は無効であり「日本は北朝鮮に賠償も謝罪もしていない」と北朝鮮は言いつづけている。日韓基本条約締結の時以上にタフな交渉が予想される。賠償金、経済復興協力金、南北統一祝儀金、名目は何であるにせよ「賠償金」を払わされるだろう。

日韓基本条約で清算された過去は、朝鮮半島全域に及ぶのか、それとも条約を締結した大韓民国が実効支配する南半分だけを領域とするのか？　この解釈について、長年日本国内でも判断が分かれている。しかし、ベトナムや中国という前例もあり、やはりタダで済ますことはできない。と、そんな諦めの境地もありか？

800万人の元軍人への補償が重くのしかかる

賠償金を支払わねばならない相手は、外国だけではない。自国民に対する戦争の償いも、国家財政の大きな負担になっている。

金額だけでいえば、むしろ、こちらのほうが桁違いに大きい。戦前は軍人恩給制度により、12年以上軍隊に勤務した将兵や、公務中に傷病などによって退役した軍人やその遺族に年金が支給されていた。昭和27年（1952）に制定された「戦傷病者戦没者遺族等援護法」により、この制度が復活する。

戦前・戦中にも退役軍人に支払われた恩給制度とは違って、戦後の制度のもとでは受給対象者が比較にならない数に増える。大正時代から満州事変が始まるまで、陸海軍を合計して

日本軍の軍人数の推移（1895 ～ 1945 年）

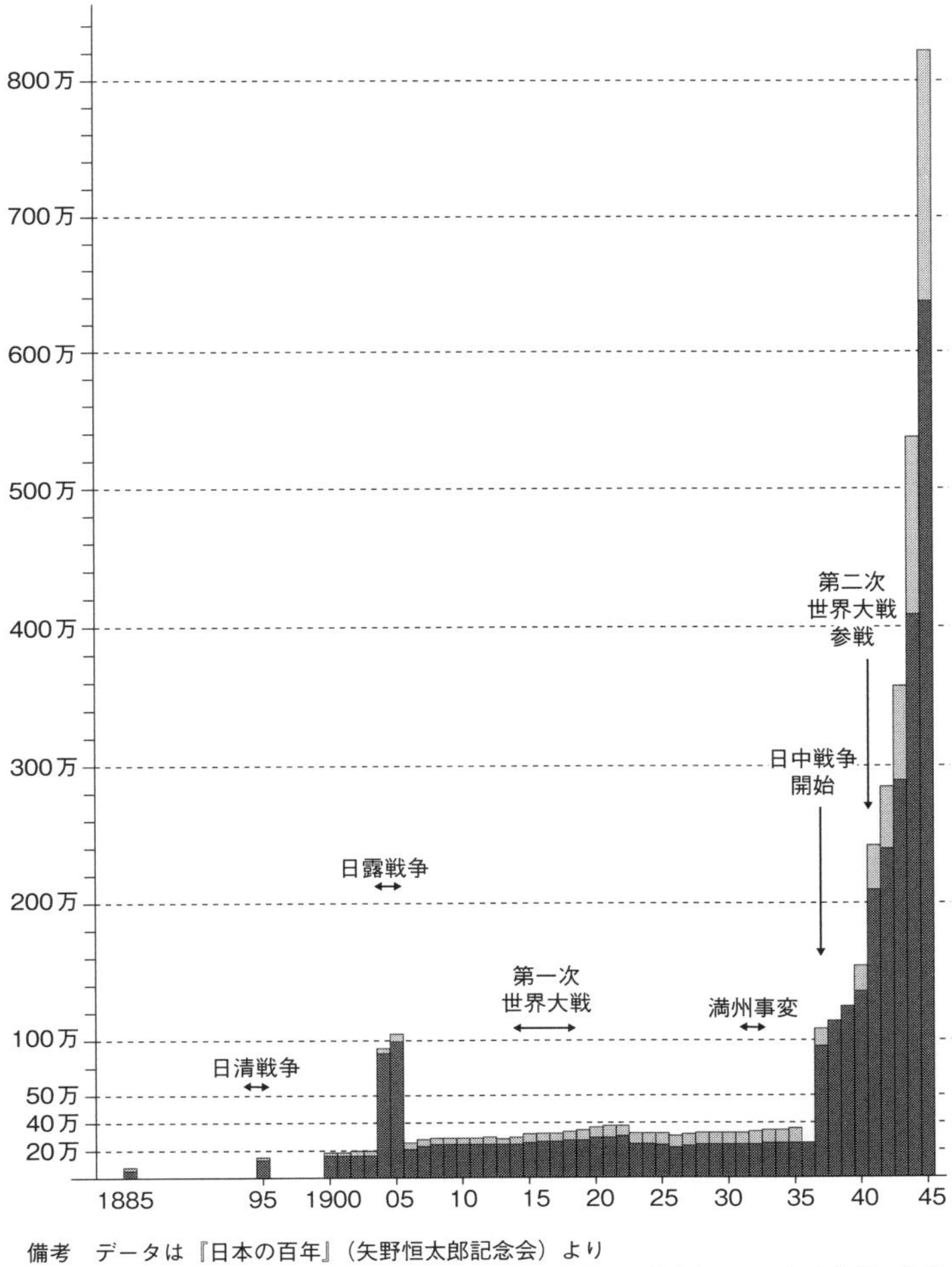

備考　データは『日本の百年』（矢野恒太郎記念会）より
グラフは竹田かずき「日本の軍人の数 ～軍人の数から戦争をみる～」を参考に作成
1935、38、39 年の海軍軍人数は不明も軍人数は30万人前後。大半の兵士は徴兵期間を終えれば除隊し、恩給の受給資格を有していなかった。当時の恩給制度はあくまで職業軍人のためのものだけに、総支給額は低く抑えられ、国家財政の負担にさほどなることはなかった。

しかし、日中戦争が始まってからは軍人数が急増して100万人を突破した。太平洋戦争が始まった頃には240万人、終戦時には830万人にもなっている。数の上でも戦前とは格段の違いがある。戦後の戦傷病者戦没者遺族等援護法のもとでは、この軍人たちの大半に恩給の受給資格が与えられる。また、この法律は軍人だけではなく、戦争で被害を受けたすべての国民を対象にしていた。民間人である軍属、原爆被害者やシベリア抑留者、後に中国残留孤児などもその対象となる。

日本を占領統治していたGHQは戦前の軍人恩給制度について、

「この制度こそは世襲軍人の永続を計る手段であり、その世襲軍人階級は日本の侵略政策の大きな源となっている」

として、制度を廃止させた。絶対権力者の占領軍には抗えず、この措置に表立って反対する声はなかった。だが、講和条約の発効により新生民主国家が誕生すると、旧軍関係者の間で恩給復活を叫ぶ者がでてくる。その声はしだいに高まり、政府としても無視できない状況に……。「800万遺族」という言葉があるように、元・軍人とその家族や関係者は多い。遺族会などの圧力団体には集票力もあり、議員たちもこれを無視できなかった。

議員にとって票は宝である。もしも、日本が民主主義国家になっていなければ、これだけ広く手厚い補償はおこなわれなかったかもしれない。戦前の国家体制が維持されたのなら、動員された800万人将兵全員に恩給受給資格を与えることはなかったはず。国庫の負担にならぬ程度に条件は狭められただろう。民主主義国家になったがゆえに、過去の軍国主義に関連する出費が大幅に増えてしまったということだ。

国民年金や厚生年金よりも手厚い軍人恩給

ここで戦傷病者戦没者遺族等援護法による支給額の詳細を見てみよう。

軍人恩給については、軍隊に12年以上在職した者は年間113万2700円、9年以上だと84万9500円、6年以上は67万9600円、6年未満でも56万8400円が最低保障額となっている。この最低保障額をベースに、階級や勤続年数などを加えた仮定俸給が算出され、個々の恩給支給額が決定する。大将まで出世した者なら833万4600円、最下級の兵は145万7600円が大凡《おおよそ》の目安。恩給は軍人遺族にも支給され、さらに様々な加算もされる。また、戦時中の傷病により障害を負った人はその症状にあわせて第1項症から第5款《かん》症に分類され、特例傷病恩給74万3000円〜436万3000円が加算される。

恩給は物価水準にあわせて年々増額されており、ここに記した金額は令和2年（2020）のものだ。現在の国民年金は満額でも年間78万1692円、厚生年金の平均支給額は174万円といわれる。それに比べると軍人恩給はかなり手厚い。しかし、戦争を知らない大多数の日本人、軍人恩給の恩恵に預かれない我々がその額について不平を言うことはまずない。言えない……。戦争を知らない我々だが、多くの記録映像や文献であの戦争の悲惨さは知っている。その時代に生き戦火に巻き込まれた人々の苦痛や悲しみも、想像できる。だから、何も言えないのだ。

あの戦争の生んだ幾多の悲劇を金で償おうとすれば、何世代にもわたって負担は強いられつづける。戦争が残した負債は、それほど大きいということだ。

昭和40年代中盤まで、恩給受給者は約280万人もいた。年間総支給額は約2300億円。当時、6兆円程度だった国家予算の3〜4パーセントにもなる。高度経済成長の時代だけに、現役世代の給料は年々急上昇していた。世の景気が良ければ、国民もその負担をあまり気に

軍人恩給について

普通恩給の支払額の計算方法

仮定俸給年額×｛50/150＋1/150×（在職年－最短恩給年限）｝

※「最短恩給年限界」は兵・下士官が12年、准士官以上が13年

上記計算で算出された金額が最低保証額を下回る場合は、下の最低保証額が適用される。令和２年現在の恩給受給者の９割は最低保障額受給者。

区分		最低保証額
長期在職者	実在職年12年以上	1,132,700円
短期在職者	実在職年９年以上	849,500円
	実在職年６年以上９年未満	679,600円
	実在職年６年未満	568,400円

旧軍人仮定俸給年額	
階級	仮定俸給年額
兵	1,457,600
伍長(二等兵曹)	1,599,400
軍曹(一等兵曹)	1,651,000
曹長(上等兵曹)	1,759,800
准士官(兵曹長)	2,161,000
少尉	2,392,800
(特務准士官)	2,392,800
(特務少尉)	2,646,800
中尉	2,735,200
(特務中尉)	2,938,000
大尉	3,432,600
(特務大尉)	3,735,700
少佐	4,126,700
中佐	5,170,100
大佐	5,503,100
少将	6,291,400
中将	7,434,600
大将	8,334,600

※この他、勤務中のけがが原因で障害を負った場合は「傷害恩給」が支給される。

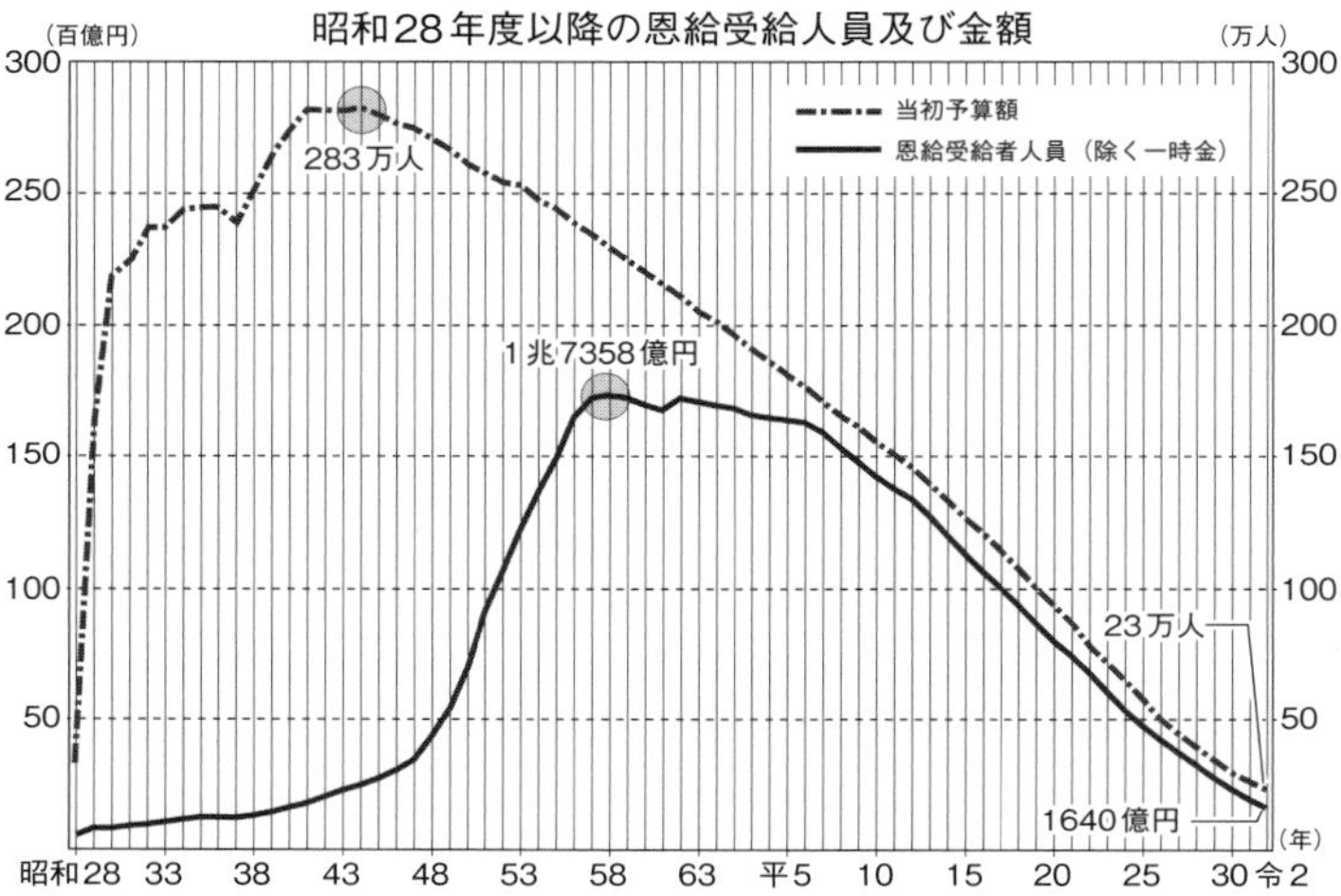

しない。

しかし、バブル経済崩壊後の長期不況の時代になると状況は違ってくる。将来の給料や年金に誰もが不安を感じるようになった平成６年（１９９４）の頃でも、恩給受給者は約１８０万人を数えていた。支給額は年間１兆６４００万円にもなり、この年度の国家予算73兆６０００万円の２・４パーセントを占めた。昭和40年代よりもその比率は低くなっているが、先の見えない不況のなかではそれでも重荷だったろう。

この後、恩給受給者は毎年５〜６万人程度減少しつづけ、平成30年（２０１８）には約30万人。追加費用を合わせると、現在も年間５０００億円程度が支給されつづけている。

昭和の終焉、突如として現れた戦争の亡霊

これまでに、日本国内の旧軍人や軍属、戦争被害者に支払われた恩給や遺族年金の総額は50兆円を超えている。1兆３００億円の対外賠償と比較してみると、償いの額にはかなりの内外格差がある。

日本政府は28カ国と二国交渉をおこない、すべて対外賠償は完済したはずだった。

しかし、日本人に対する手厚さに比べて過小すぎる補償額に不満が燻っていた国はある。とくに終戦までは日本の一部だった韓国では、自分たちも日本人と同じ補償が与えられるべきだと考える者は多い。日韓基本条約締結後も、韓国の市民団体が韓国人の原爆被害者やサハリン残留韓国人などへの補償を求めて、日本政府に抗議行動を起こしたことはこれまでに幾度もあった。

日韓両国の間では請求権に関する問題が「完全かつ最終的に解決された」と明記した日韓請求権協定が締結されている。そのため両国の政府間では、植民地時代の賠償については最終的に解決しているという認識は一致しており、昭和時代が終わるまでは韓国側の不満が外

交問題にまで発展することはなかった。日本側はあくまで韓国の国内問題と考えていた。

しかし、平成時代に入った90年代になると、突如として戦前の亡霊が次々に現れ、日韓両政府を巻き込んで激しい対立を生じさせるようになる。

最初に現れた亡霊は「従軍慰安婦」だった。

慰安婦とは、日中戦争開戦後に日本軍の公認で設置された慰安所で働く女性たちのこと。それは性接待を目的としたもので、第二次世界大戦では連合軍諸国の軍隊も同様の施設を公認していた。

軍公認の慰安所と慰安婦の存在については、当時を生きた人々の多くが知っている。また戦後も、占領期の日本や朝鮮戦争当時の韓国では、日本政府や韓国政府が慰安婦を集めて管理する慰安所が設置され、そこでアメリカ軍将兵に性サービスを提供していた。日本で売春防止法が施行されたのは昭和32年（１９５７）、韓国でも平成16年（２００４）に性売買特別法を制定して売春施設を閉鎖させたが、それ以前は日韓両国ともに売春を禁じてはいない。売春に対する国民感覚は、現代人とはかなり違っていたはずだ。

日韓基本条約が締結された当時、条約締結のため折衝を重ねた両国の政治家や官僚は戦前・戦中派が大半。いわゆる従軍慰安婦の存在を知っていたが、売春行為に対する問題意識

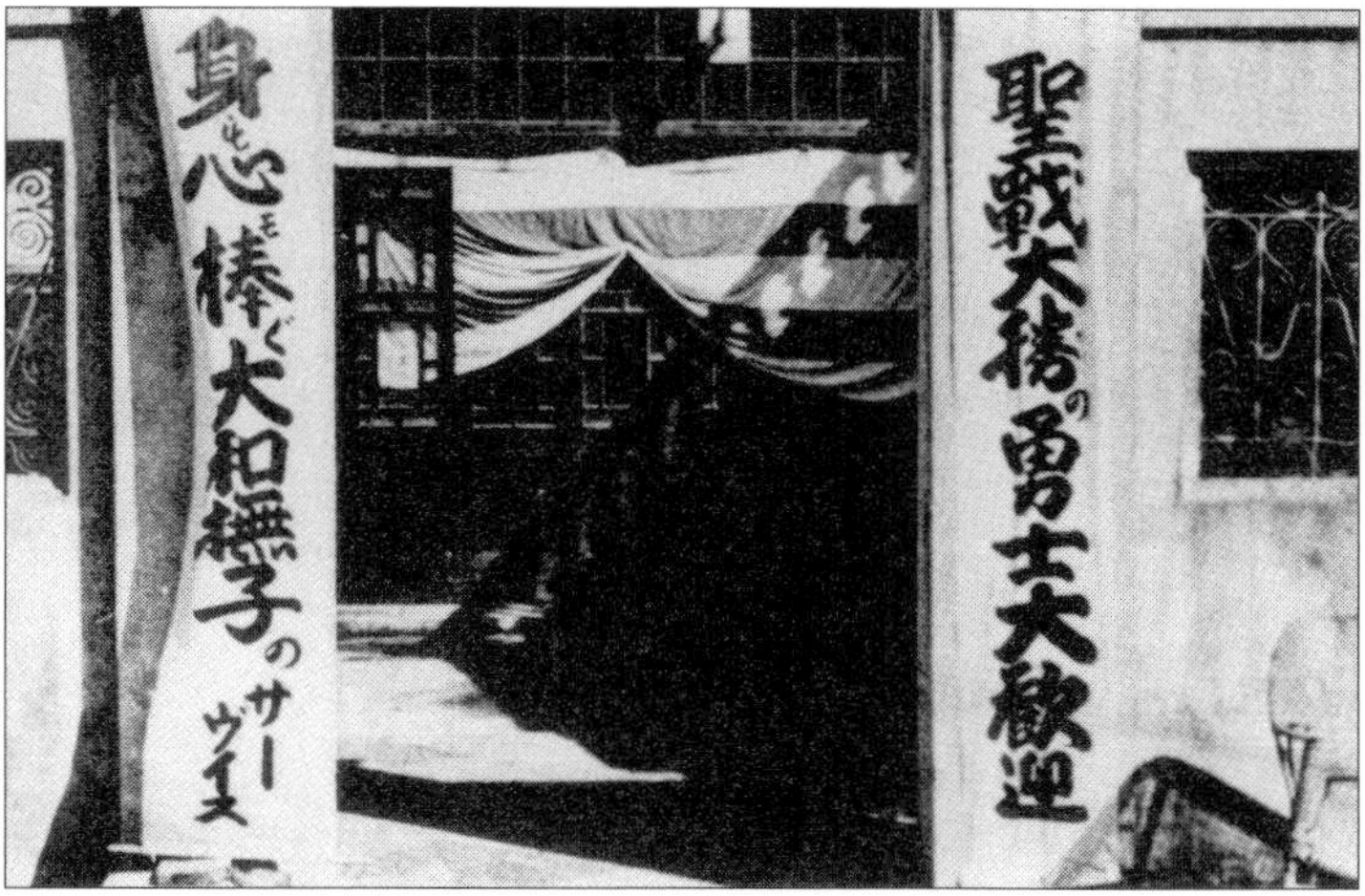

太平洋戦争時の慰安所の入り口

の鈍さもあり、それをあえて議題に取りあげることはなかった。

また、国交正常化後は、日本から買春目的の団体ツアーが大挙して韓国を訪れるようになる。韓国政府は売春婦に許可証を与えて宿泊施設への出入りを自由にする措置を取り、時の政権は「貴重な外貨を稼ぐ愛国者」と彼女らを称賛していた。ソウルや釜山などの歓楽街には、日本人を接待する売春施設が軒をつらねている。そんな状況では韓国民もまた、過去の慰安所や慰安婦の存在など気にすることはなかっただろう。

ここで、当時の慰安施設の実情を見てみよう。日中戦争開戦後、日本軍の指令で業者が設置した慰安所が数多くあった。昭和17年

（1942）に陸軍省恩賞課の報告によると北支100ヶ所、中支140ヶ所、南支40ヶ所、南方100ヶ所、その他20ヶ所と合計400ヶ所の慰安施設の存在していたという。

慰安所では日本や朝鮮半島、台湾などから集められた女性にくわえて、一部では現地の女性たちも働いていた。中国の慰安所では朝鮮半島出身女性は約4割、他に日本人女性が4割、台湾人女性が2割という比率が一般的だったといわれる。日本軍は兵士150人に対して1人を目安として、業者に慰安婦を募集させたという。他にも30人に1人、100人に1人などと諸説がある。そのため慰安婦の総数についても、研究者によって2万人から41万人までとかなり見解が違う。

当時の朝鮮半島で発行される新聞の求人欄には、慰安婦募集広告がよく掲載されていた。「月収300円以上」と、高給で誘う募集広告も見かけられる。朝鮮半島の遊郭で働く娼婦は30〜50円の月収を得ていたというから、従軍慰安婦になれば同じ商売でも10倍は稼げることになる。様々な事情をかかえた女性たちが、募集に応じて軍の慰安婦となったことは容易に想像できる。

慰安婦の性接待に関しては、軍がその料金を定めていた。日中戦争開戦後の昭和13年（1938）は兵士1円50銭、下士官3円、将校5円が慰安婦の取り分だった。この料金で実際に300円の月収を得るには、月に200人の兵士を相手にすることになる。料金は市中の遊郭よりもむしろ安かった。それでも市中の娼婦より稼げるのは、彼女らが相手にする客の数の違いだろうか。

駐屯地には客となる若い兵士が大勢いる。軍公認の慰安所はその客を独占することができた。慰安婦たちは安定した数の顧客を得て稼げるというわけだ。その分、重労働ではある。戦地なだけに危険もあったが、それを厭わなければ確実に稼げる。太平洋戦争末期にビルマ（現在のミャンマー）で慰安婦をしていた女性の軍事郵便貯金の原簿が現存しており、そこには2万6145円の預金額が記録されていた。

朝鮮半島の一般労働者が100年かかっても稼げない大金である。高収入に魅せられて多くの女性たちが従軍慰安婦になった。日韓基本条約締結時は、日韓両国の人々はそういった認識だったろう。収入を求めて自由意志で慰安婦となることを選択したのならば、売春が合法だった時代だけに、とやかく言うような問題でもない。また、80年代までの韓国には、日本人の買春ツアー客があふれていた。日本人男性が金で韓国人女性の春を買う。それは見慣れた光景でもある。

「強制連行」の文言が国民感情に火をつけた

しかし、そんな頃とは違って、現代の韓国では「従軍慰安婦」という言葉は特別の意味を持つ。人々の関心は高い。日韓両国ではその研究や調査が進み、韓国では日本軍の慰安施設に20万人の朝鮮半島出身女性がいたというのが定説になっている。平成25年（２０１３）の韓国国会でとある議員が、

「日本軍従軍慰安婦の被害者は8～20万人……」

『朝鮮人慰安婦と日本人』

このように発言したが、この数に異議を唱える者はいなかった。

しかし、問題は数ではない。たとえその数が20万人だろうが30万人であろうが、女性たちが自発的に慰安婦になったのであれば、これほど問題化することはなかっただろう。女性たちが日本軍によって強制連行され、無理やりに慰安婦にさせられたということになれば話は違っ

日本政府に補償を求める訴訟を起こした朝鮮人元従軍慰安婦たち（写真提供：朝日新聞）

てくる。実際に強制連行の被害者だという女性が名乗りでてきたのである。

これによって、新たに発覚した植民地時代の日本の蛮行として、韓国内の反日感情が一気に高まる。日本に対して改めて謝罪と被害者への補償を求める世論が沸騰した。もはや消火不可能なほどに国民感情に火がついてしまう。

その発端は、70年代に出版された『朝鮮人慰安婦と日本人』（吉田清治著）の記述。著者はこの本のなかで、戦時中に日本軍が済州島で女性を拉致して従軍慰安婦にしたと証言している。朝日新聞がこれを記事として取り上げ、平成元年（１９８９）には韓国国内で翻訳版も出版された。翌年に韓国挺身隊問題対策協議会が設立され、同協議会の調査によって、元慰安婦だったという女性が名乗り出て証言するようになる。平成5年（1993）には元・従軍慰安婦の女性たちが原告となり、日本政府に謝罪と賠償を求めて東京地方裁判所に提訴した。

また、この問題に関しては、韓国政府も乗りだし、日本政府に謝罪と賠償を要求するようになる。日本の裁判所で争っても敗訴することは目に見えていた。しかし、それでは国民感情が収まらない。この人道上許されない事実は、日韓交渉当時は知られていない。韓国側は新たな事実が見つかれば、それについて協議に応じるべきだと主張する。

〝慰安婦の強制連行〟へのおわびと反省

本当に日本軍が主導して、強制的に慰安婦を駆り集めるような事があったのか？

日本では当初から吉田証言の信憑性を疑う声は多く、後に朝日新聞もこれを誤報だったと認めている。だが、韓国内ではいまだ強制連行はあったと信じる者が圧倒的多数だ。

どちらが正しいのか？　それを論じるのは本書の趣旨ではない。しかし、事実として世界に喧伝されると……日本としては放置しておくわけにはいかない。政府も火消しに走るしか

従軍慰安婦の調査結果を報告する河野洋平官房長官（写真提供：時事通信）

なく、そこにまた過去の戦争に起因する出費が発生することになる。

平成3年（1991）に日本政府でも事実関係確認のため調査を開始し、平成5年8月4日、その結果をふまえて河野洋平官房長官が、慰安所の管理や慰安婦の移送に軍が関与したことを認める河野談話を発表した。国家の意思として慰安婦の強制連行があったかどうかについては言及しなかったが、多大な苦痛を与えたことに対する「おわびと反省」を表し、元・慰安婦に見舞金を支払うことを決定する。

平成7年（1995）には、民間からの募金と日本政府からの補助金で5億6500万円の原資を集めて「女性のためのアジア平和国民基金」が発足。韓国と台湾、フィリピンで元・従軍慰安婦と認定された285名に、一律200万円の見舞金の支給が開始された。また、元・慰安婦に対する医療・福祉支援は、日本政府が5億1000万円を拠出して別途事業として実施することになる。さらにインドネシアやオランダの元・従軍慰安婦に対しても、その福祉や生活改善を目的に日本政府が6億3500万円を拠出した。各地に福祉施設を完成させ、元・慰安婦への見舞金支給も完了した平成19年（2007）に、救済事業の目的は達成されたとして基金活動を終えている。

今度こそ、戦争の償いも完全かつ最終的に解決された。と、大多数の日本人はそう思った。しかし、その程度では終わらない。これら一連の慰安婦救済事業には、事務費用を含めて日本政府は48億円を負担している。また、元・慰安婦の見舞金については、日韓請求権協定で「すべて解決済み」としている日本政府としては、あくまで民間からの寄付で賄うということでその面目を保った。それも仇となり、

「日本は政府としての責任を回避した」

と、韓国の世論をまた刺激。韓国挺身隊問題対策協議会などの団体が中心となって結成された被害者補償対策委員会もこれに納得せず、謝罪と賠償が不十分として激しい反対運動が継続される。やがて日本や各国の人権団体などと連携して各地に「慰安婦像」を設置するよ

うにもなった。平成25年（2013）に就任した朴槿恵《パククネ》大統領もそれに同調して「日本は元・慰安婦を侮辱しつづけている」と、執拗な日本批判を繰り返す。

そして、ここでも再び日本政府は譲歩してしまう。

平成27年（2015）12月、慰安婦問題でこじれた日韓関係を修復するために、外相会談がおこなわれた。その結果、安倍晋三首相から元・慰安婦に「おわび」の手紙を送り、日韓両政府が10億円ずつの資金を拠出して「和解・癒やし財団」を設立することが決まる。存命中の元慰安婦に1億ウォン（当時のレートで約970万円）、遺族には2000万ウォンが支給されることに。これによって慰安婦問題は、

「最終的かつ不可逆的に解決された」

と、日韓両国が確認している。

「不可逆」の文言は、日本政府が強く希望して追加したものだった。両国の間で「最終的に解決した」と合意したのは、これで日韓請求権協定から数えて3回目。もう2度と話を蒸し返させないという、日本側の強い意志がそこにうかがえる。しかし、それでもなお過去を完全に清算することは難しい。

朴槿恵大統領が弾劾・罷免された後、第19代韓国大統領に就任した文在寅《ムンジェイン》政権は「慰安婦

合意は手続き的にも内容的にも重大な欠陥がある」として、前政権での合意を無効と判断した。この時、すでに日本政府が10億円を拠出して財団が発足し、存命中の慰安婦47人のうち34人に4億円相当の支援金が支払われていた。文政権は財団を解散させ、再び慰安婦問題が未解決であるという姿勢を誇示し続けている。日本が拠出した残金6億円の所在については、不明として放置されている状態だ。

90年代初頭に再燃した植民地時代の禍根は、20年近い年月が過ぎた現在も解決されないままに、棘のように残りつづける。

問題解決のために日本が支出した費用は、過去の賠償と比べれば微々たるものだ。が、そのために費やした政府関係者の労力、世界各地に設置された慰安婦像などにより貶められた日本のイメージ、さらに、この問題に端を発して日韓両国民の間に増幅されつづける嫌悪感情など……そこには、金銭だけでは測れない多大な損失が生じている。

戦後75年が過ぎても、日本人が背負わされつづける負債といえるだろう。

もうひとつの大きな障壁〝徴用工問題〟

慰安婦問題がいまだ解決せず迷走している状況で、日韓関係をさらに悪化させる新たな問題が発生する。

昭和14年（1939）に制定された国民徴用令により、日本内地の労働力不足を補うために朝鮮半島から労働者を動員した。徴用は国家の命令による動員であり、強制力を伴うものだが、労働の対価として給与は与えられる。しかし、終戦時の混乱で多くの未払い賃金が発生し、また、韓国内では雇用者から不当に搾取されたと訴える元・徴用工たちがいた。

この問題に関しては、韓国の歴代政権も日韓請求権協定で「最終的に解決した」ということを認めていた。しかし、これに納得しない元・徴用工と遺族や支援者たちは、戦時下で彼らを使役した日本企業を相手に相次いで訴訟を起こすようになる。そして、平成30年（2018）には韓国の最高裁判所にあたる大法院が、日本企業に対して賠償金の支払いを命じる原告勝訴の判決を下した。文在寅政権もまた三権分立により司法の判断には介入できないとして、問題解決のため動こうとはしない。

日韓請求権協定で解決した問題である。元・徴用工の抗議や訴えも、韓国の国内問題として処理するべきという日本の立場とは完全に相容れない。やがて賠償金の支払いを拒否した日本企業の在韓資産が抑えられ、実害が及ぶ事態となり……慰安婦問題以上に日韓関係を拗れさせる外交問題に発展した。

徴用工はどれだけの数がいたのか？

元・徴用工とされている韓国人とその遺族の数は、50名にも満たない元・従軍慰安婦とは比べ物にならない。ここで日本政府や企業が安易に譲歩してしまえば、賠償金を求める訴訟が激増するだろう。そうなると日本企業の経済的損失も計り知れない。

実際、朝鮮半島からどれくらいの人々が徴用されたのだろうか？　日中戦争の勃発に伴う大量の徴兵の影響で、日本内地が労働力不足に陥った昭和13年（1938）のこと。この年に朝鮮人の渡航制限が解除された。

さらに、昭和14年（1939）になると、朝鮮総督府が日本内地へ労働者を送り込む労務動員計画を作成して、労働者の募集を開始している。同年には国民徴用令が公布され、重要産業の労働力確保のため国民を強制的に徴用できるようになっていた。

しかし、昭和14年の時点では、朝鮮半島はまだ国民徴用令の適用外だった。総督府はあくまで「募集」と「仕事斡旋」として、初年度に8万5000人の労働者確保をめざ

在日朝鮮人人数の推移（内務省警保局統計より）

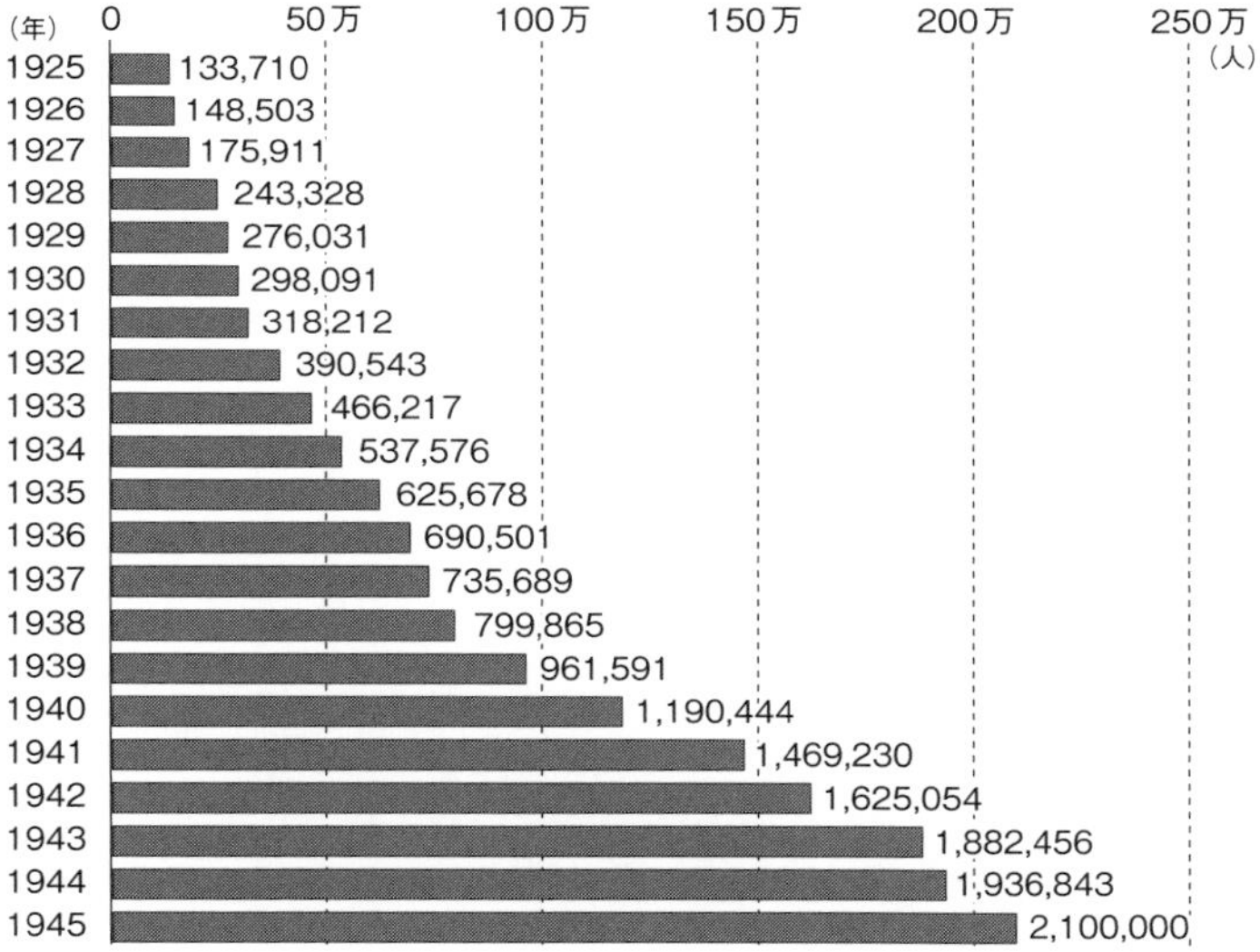

した。これに応じて内地に渡った労働者は５万３１００人で目標には届かず。翌昭和15年（１９４０）には９万７３００人、昭和16年（１９４１）は10万人の動員計画を立てたが、これも予定人数の60〜70パーセントしか集めることができず、目標には達していない。

総督府による労働者募集は、地元の有力者や警察などを使って、目星をつけた若者に日本行きを強要した事例が多々あったという。募集の名を借りてはいるが、実態は強制動員だったというのが韓国では定説になっている。目標の人員が集まらずに苦労していた状況を見れば、確かにその話にも頷けるところがある。

昭和17年（1942）になると「朝鮮人労務者活用ニ関スル方策」が閣議決定した。法的に朝鮮半島での徴用が可能となったのは、この時からのこと。それで、終戦までにどれくらいの人数が徴用されたのか？　これには諸説あるが、1万7000人〜2万人という数字をよく見かける。また、徴用が開始されてからも総督府や関係機関による斡旋も引きつづきおこなわれていた。そのために実数を把握するのが難しくなっている。

終戦時の日本内地には、約200万人の朝鮮人が居住していた。そのうち約100万人が戦時中に渡航してきたのだが、自らの意思で来た者や斡旋・募集に応じた労働者、徴用された者など様々。昭和34年（1959）7月13日の朝日新聞紙面に掲載された記事によれば、70万人は自らの意思で職を求めて渡航してきた人々だとされ、残る30万人についても、「残り三十万人は大部分、工鉱業、土木事業の募集に応じて来た者で、戦時中の国民徴用令による徴用者はごく少数である」

と、書かれている。韓国でこれに同意する者は当然のこと少ないだろう。斡旋や募集により日本へ渡った者たちも、半ば強制的に動員された「徴用工」と考える。

戦時中に日本に渡った70〜100万人の朝鮮人すべてが、補償の対象となってしまう可能性もある。一般韓国人の感覚からすれば、それが正しい。ちなみに、韓国政府が元・徴用工と認定した者は、故人を含めて約22万6000人ということだ。平成30年（2018）の大法院判決では、元・徴用工1人あたり1億ウォンの賠償を命じている。認定された元・徴用工とその遺族すべてに同額の賠償金を支払えば、その総額は22兆6000億ウォン。日本円だと2兆1470億円（2020年1月現在の為替レート）となり、支払うとなればかなりの負担になるだろう。

ひっくり返された徴用工への賠償合意

募集であれ徴用であれ、朝鮮人労働者には日本人とほぼ同等の給与が支払われていたはずだ。が、終戦直後の混乱期には、未払い分給与や貯金を残したまま帰国した朝鮮人労働者は数多くいる。それは日本政府も把握していた。昭和24年（1949）に労働省が調べたところによれば、9600万円の未払金が確認されている。また、同年に大蔵省の調査で朝鮮人の在日資金が約2億3700億円あることが分かっていた。日本側でもそれは当然、支払うべきものと考えている。

各省庁による未払金調査も、韓国側と交渉する資料に使う目的があった。日韓基本条約時には、元・徴用工への賠償についても韓国側と話しあっている。議題にならなかった慰安婦問題とは、この点が大きく違う。

韓国政府は存命する徴用工に対して、未払い分給与や強制労働の償い金として、1人あたり200ドル、死亡者には1650ドルずつ、総額3億6400万ドルの支払いを求めてきた。日本側が調べた未払い給与や貯金残高を遥かに上回る要求額は、そこに「強制徴用」に対する賠償を含んでのことだろう。そもそも、募集や斡旋もすべて「強制徴用」と考える韓国側と、日本側の考える徴用工の人数には大きな隔たりがある。また、戦時の徴用は合法行為であり、謝罪や賠償の必要はないという考えも日本では支配的だった。

13年間を費やす長い交渉の末に、この問題にも日韓双方の合意がなされ、日韓請求権協定が締結される。この時、元・徴用工への賠償金の支払方法については、韓国政府が「個人に対しては韓国国内で処理する」と日本側に告げてきた。

植民地支配で被害を被ったすべての個人への賠償、それも含めて日本は総額8億ドルを韓国に支払うことになった。また、日韓請求権協定の交渉に参加した韓国側の李圭星《イギュソン》首席代表もこの時に「個人関係請求権が消滅した」と宣言している。8億ドルを受け取った韓国政府が、自国民の日本に対する個人請求権の消滅を認めて、後のことは自国で処理することを約束したのである。

しかし、政府が個人の対日請求権を放棄したことを知った韓国国内では、国民が条約締結に反対して怒り、抗議活動や訴訟が相次ぐようになる。が、それもすべて韓国の国内問題である。韓国政府が骨を折って解決すべきことであり、日本では預かり知らぬこと。黙殺しておけばよかった。

平成17年（2005）に当時の盧武鉉《ノムヒョン》政権が、従軍慰安婦や韓国人原爆被害者などは日韓請求権協定の対象外であるとして、日本政府に被害者への対応を求めてきたことがある。しかし、調べてみれば韓国側がすべての個人請求権を放棄した証拠がいくつも見つかる。こうなると韓国政府も、日本との間ではすべての問題が最終的に解決済みであることを認めるしかなく、

盧武鉉大統領

「被害者としては、国家が国民個々人の請求権を一方的に処分したことを納得するのは難しいだろ

う」

と、同年3月の演説で盧武鉉大統領も個人請求権の消滅を暗に認めて、振りあげた拳を下ろすしかなかった。この時に、韓国政府は自らの元・徴用工に対する道義的責任を認めた。そして、平成22年（2010）には元・徴用工の死亡者・行方不明者には1人2000万ウォン、負傷者にも最大2000万ウォンの慰労金支給を決定している。未払い賃金に対しても、当時の1円につき2000ウォンずつが未収納支援金として支払われることになった。

韓国政府が元・徴用工に支払った慰労金や未収納支援金の総額支給額は6184億ウォン、当時の為替レートで469億900万円になる。それでは少な過ぎないか？　日韓基本条約の交渉時、韓国政府は元・徴用工への賠償金として3億6400万ドルを求めていた。当時の1ドル＝360円の為替レートで、1310億4000万円。消費者物価指数で貨幣価値を換算してみると、日韓基本条約締結時の1万円は平成22年の3・95倍となっている。つまり、当時の韓国政府が日本に要求した元・徴用工への賠償金額は、現代の貨幣価値にすると5176億8000万円になる。この金額は、請求権放棄の代償に受け取った8億ドルの中に含まれているはずだが、韓国政府が元・徴用工に支払ったのはその10分の1にも満たない額だったのである。

2017年には、韓国で長崎県端島（通称〝軍艦島〟）に強制徴用された朝鮮人を描いた映画が公開された。その内容が史実と著しく異なるとして日本では抗議の声も上がった。

この金額に納得しない元・徴用工や支援者は多かった。国内外で日本政府や関連企業を相手に訴訟を開始するようになる。それも韓国政府が処理すべきことで、日本には関係ないはずだった。しかし、資産の差し押さえで日本企業に実害が及び、韓国政府が三権分立を盾にそれを放置する状況となっては、日本政府も黙ってはいられない。

日韓請求権協定でも議題にあがり、双方で「最終的に解決した」と、合意した問題である。それだけに、日本政府も慰安婦の時とは違って安易な妥協はしていない……今のところは。

令和元年（２０１９）12月になって、文《ムン》喜《ヒ》相《サン》韓国国会議長からひとつの解決案が示された。日韓両国の企業や個人から寄付を募り、元・徴用工に慰謝料を支給する基金を設立するというもの。日本政府としては、この問題に日本企業が巻き込まれることは納得しない。韓国の責任において処理すべきという姿勢は変わらない。しかし、日本側も一枚岩ではない。この解決策に興味を示す者がいる。

日韓議員連盟の河村建夫幹事長などは、

「日韓請求権に接触しない。解決できる策だ」

そう言って興味を示している。日本政府ではなく民間企業や個人、賠償金ではなく募金や寄付と名を変えて、日本から資金が拠出される可能性は捨てきれない。令和の時代になっても、日本は過去への譲歩と妥協を強いられつづけている。

令和になっても償いは終わらない

韓国との問題に限ったものではない。日本の歴代政権は、過去に対しては常に弱腰だった。昭和52年（１９７７）にすべての国々に対する賠償は最終決着したはずなのだが、経済援助などの名目で資金を提供することが多々あった。

中国に供与しつづけた巨額のＯＤＡ（政府開発援助）などは「裏の戦後賠償」とも呼ばれていた。その他の国々に対しても、日本は70年代から80年代にかけてＯＤＡを大盤振る舞いしている。平成元年（１９８９）にはアメリカを抜いて世界第1位のＯＤＡ援助国となり、その後10年間はその地位を守りつづけた。また、同じ敗戦国であるドイツもＯＤＡへの支出も突出して大きかった。そこからも、ＯＤＡには戦後賠償の意味合いもあることが察せられる。

「軍官民、国民全体が徹底的に反省し懺悔しなければならぬと思う。一億総懺悔をすることが我が国再建の第一歩」

敗戦から間もない昭和20年（１９４５）８月28日、東久邇《ひがしくに》稔彦《なるひこ》首相はこのように語っている。「一億総懺悔」は当時の流行語にもなり、日本人を呪縛しつづけた。

あの時代を生きた日本人には、アジアの国々に後ろめたさを感じる者が少なくない。戦争の悲惨さを骨の髄まで味わった。その悲惨な戦争に、他国の人々まで巻き込んでしまった贖罪の念だろうか？

中国やアジア諸国に多額の援助金を供与することについては、日本国内でも批判の声はあったが、そんな時には必ず、

「昔、日本は悪いことをしたのだから」

90年代頃までは、戦前・戦中派の世代からこのセリフがよく聞かれた。国家の中枢にいた者たちも、同じ感覚だったのだろうか。彼らの一億総懺悔は生涯終わりそうにない。韓国への度重なる譲歩、中国が経済大国に成長してからも供与しつづけたODAも、すべてはそこに起因しているような気がする。

そしてまた、戦争を知らない我々もその影響がまったくないとは、言い切れない。祖父や父たちの影響、どこかに贖罪の念を植え付けられてしまっていないか？　旧軍人たちへの手厚い恩給支給に、戦後生まれから反対を唱える声が聞かれないのも、それ故のことだろう。そうなると、これは果てしなく終わらない……令和の時代にも、日本人は戦争の償いを支払いつづけることになる。

おわりに

令和2年（2020）4月、コロナウィルスの感染拡大による緊急事態宣言下でこの原稿を書き終えた。在宅勤務や店舗の営業自粛で、都心部は閑散としている。テレビの画面には無人の渋谷スクランブル交差点が、連日のように映しだされる。ふだんの東京を知る者たちには非現実的な眺め。そこに非常事態を実感する。

経済もまた非常事態。この事態が1年間もつづけば、日本経済の損失額はすでに16兆円を超えているという試算がある。世界全体を見れば、年内に感染のピークアウトを迎えたとしても損失額は320兆円。経済成長率はマイナス3・4パーセントにもなるという。このまま放置すればリーマンショックどころではない、恐ろしい近未来が予測される。アメリカのトランプ大統領は、これに対処するため約3兆ドル（約320兆円）の予算投入を表明。また、フランスでも4500億ユーロ（約54兆円）を支出する財政支援策を決定している。多額の財政出動に関して、

「家が火事の時、火を消すのに何リットルの水を使うかなんてことは計算しない」

ジェラルド・ダルマナン行動・公会計相は、このように語る。

フランス国内の世論も、いまは戦争に勝つために全力を尽くす時、財政赤字については危機が去ってから考えればいいことだ。と、好意的に受け取られているようだ。

各国の財政は、すでに戦時体制に移行している。日本でも総額108兆2000億円の緊急経済対策を決定した。財源は赤字国債の大量発行で賄うことになるが、日銀ではこれに対応して国債買い入れの上限枠を撤廃している。野党からも反対の声は起こらない。金を湯水のように投入して、とにかくこの国難を乗り切らねば。与野党は認識を共有している。珍しい。このあたりにも、平時ではない非常時であることを思わされる。

だが、これでもまだ甘い。もっと予算を惜しまずに、収益の激減した個人や企業に手厚い救済措置をおこない、景気浮揚にもどんどん金を使うべきだと。世論はさらなる財政出動を求めつづける。これまで、財政赤字削減のためにコストカットに煩かった者たちは沈黙し、要求には歯止めがかからない。

行動自粛による鬱屈、日々増えつづける感染者数に怯え、この先さらに酷い状況になるのでは……不安が過りつづける。

何とか状況を打開しなければ。そのためなら、赤字国債でも紙幣でも、必要なだけ刷って財源を確保すればいい、と。平時であれば、乱暴な話と思うのだが、この4月の状況では私もそれに頷けてしまったりもした。それは、

「この戦争に勝たなければ、すべて終わり。だから、先々のことなど考えてはいられない」

あの戦争の頃を生きた人々の心情にも、通じるところなのかも。

何百兆円の予算を投入しても、それでウィルスとの戦いに勝利できるのか？　誰もそれはわからない。勝算なき戦いの結果が、また将来に大きな負の遺産を背負い込ませることになるのかもしれない。しかし、そんなことを考えている場合ではなく、いまはやるしかない。非常事態の狂奔、その時を生きている者でない限りは理解することは難しい。

追い詰められたら、人は同じ思考に陥る。結果を知る後世の人々が、いまの騒ぎを見たらはたしてどう思うか。後に残った巨額の負債に「なぜ、こんなバカなことを……」と、首を傾げるだろうか？　人はいつも、いまあるものを失うことが恐ろしい。それから逃れようと、後世に禍根を残すとんでもないバカもやらかしてしまう。歴史は繰り返す。

主要参考文献

〈**書籍**〉

『太平洋戦争による我國の被害総合報告書』（経済安定本部総裁官房企画部調査課）
『値段史年表』（週刊朝日編、朝日新聞社）
『石油技術者たちの太平洋戦争』（石井正紀、光人社NF文庫）
『日米開戦勝算なし』（NHK取材班編、角川文庫）
『経済で読み解く大東亜戦争』（上念司、KKベストセラーズ）
『太平洋戦争（上）（下）』（児島襄、中公新書）
『データで見る太平洋戦争』（高橋昌紀、毎日新聞出版）
『反日種族主義』（李栄薫、文藝春秋）
『戦争責任・戦後責任』（粟屋憲太郎・田中宏・三島憲一・広渡清吾・望田幸男・山口定、朝日選書）
『日本の戦時経済　計画と市場』（原朗、東京大学出版会）
『戦後日韓関係史』（李庭植著、小此木政夫・古田博司訳、中央公論社）
『植民地朝鮮の日本人』（高崎宗司、岩波新書）
『日本統治下の朝鮮』（木村光彦、中公新書）
『「南進」の系譜』（矢野暢、中公新書）
『満鉄全史』（加藤聖文、講談社学術文庫）
『軍事費』（島恭彦、岩波新書）

『日本軍政下のアジア』（小林英夫、岩波新書）
『太平洋戦争日本軍票論』（除野信道、日本評論社）
『旧日本植民地経済統計』（溝口敏行・梅村又次編、東洋経済新報社）
『第二次世界大戦におけるいわゆる〝朝鮮人徴用工〟への未払賃金供託事件に関する法的一考察』（小寺初世子、広島大学平和科学研究センター）
「横浜市立大学論叢　32 - 33」（横浜市立大学学術研究会）
『南方陸軍地域進出企業会社投資額調査表』（外務省管理局）
『海軍地区進出企業会社投資額調査表』（外務省管理局）
『仏印・シャム地区事業投資額調査表』（外務省管理局）
『昭和財政史』（大蔵省財政史室編、東洋経済新報社）

〈インターネットサイト〉
「国立公文書館　アジア歴史資料センター」（https://www.jacar.go.jp）
「厚生労働省」（https://www.mhlw.go.jp/index.html）
「財務省　https://www.mof.go.jp/index.htm
「総務省　恩給制度の概要」https://www.soumu.go.jp/main_sosiki/onkyu_toukatsu/onkyu.htm
「日中戦争期におけるアメリカの対華支援（1）」（大石恵、京都大学）
(https://doi.org/10.14989/45379)
「日中・太平洋戦争期における樺太行財政の展開」（平井廣一、京都大学経済学会）（https://doi.org/10.14989/48498）
「『満州国』一般会計目的別歳出予算の動向：１９３２～１９４２年度」（平井廣一、北海道大学）
(http://hdl.handle.net/2115/5999)

「戦争と石油（1）～（6）」岩間敏　JOGMEC石油・天然ガス資源情報
(https://oilgas-info.jogmec.go.jp/review_reports/1006199/1006204.html)
「論説　日米の接点＝東南アジア《太平洋戦争原因論の再検討あ》」松本繁一
(https://www.jstage.jst.go.jp/article/asianstudies/8/4/8_1/_article/-char/ja/)
「プチモンテ　明治から平成の歳入、歳出の年間推移」
(https://www.petitmonte.com/politics_economy_life/revenue_and_expenditure.html)
「終戦時、満洲日本人人口・犠牲者」中国帰国者問題同友会
(https://www.kikokusha-center.or.jp/resource/sankoshiryo/ioriya-notes/mondaishi/shusenji.htm)
「引揚者と戦後日本社会」安岡健一
(https://doors.doshisha.ac.jp/duar/repository/ir/16731/007001040007.pdf)
「終戦時に日本本土に保有していた航空機」
(http://gunsight.jp/b/1/syuusen.htm)

著者紹介
青山誠（あおやま・まこと）
大阪芸術大学卒業。著書に『江戸三〇〇藩城下町をゆく』（双葉社）、『戦術の日本史』（宝島社）、『金栗四三と田畑政治』（中経の文庫）、『戦艦大和の収支決算報告』（彩図社）などがある。ウェブサイト『BizAiA!』で「カフェから見るアジア」、雑誌『Shi-Ba』で「日本地犬紀行」を連載中。

太平洋戦争の収支決算報告

2020年8月20日　第1刷

著　者　青山誠

発行人　山田有司

発行所　株式会社　彩図社
東京都豊島区南大塚3-24-4
MTビル　〒170-0005
TEL：03-5985-8213　FAX：03-5985-8224

印刷所　シナノ印刷株式会社

URL https://www.saiz.co.jp　Twitter https://twitter.com/saiz_sha

ISBN978-4-8013-0468-0 C0021